Alois Bach und Carola Hartmann (Hrsg.)

Unbekannte Helden des Alltags

Soldaten und Ehefrauen berichten über Verantwortung, Humanität und Belastung im Auslandseinsatz

Alois Bach und Carola Hartmann (Hrsg.)

Unbekannte Helden des Alltags

Soldaten und Ehefrauen berichten über Verantwortung, Humanität und Belastung im Auslandseinsatz

Unbekannte Helden des Alltags

Soldaten und Ehefrauen berichten
über Verantwortung, Humanität
und Belastung im Auslandseinsatz

*Alois Bach und Carola Hartmann
(Hrsg.)*

2020

Carola Hartmann Miles-Verlag

Bibliografische Information der Deutschen Nationalbibliothek
Die Deutsche Nationalbibliothek verzeichnet diese Publikation in der Deutschen Nationalbibliografie; detaillierte bibliografische Daten sind im Internet über www.dnb.de abrufbar.

© 2020 Carola Hartmann Miles-Verlag, Berlin
www.miles-verlag.jimdo.com
email: miles-verlag@t-online.de

Herstellung: Books on Demand, Norderstedt
Bilder: BMVg

Gedruckt mit freundlicher Unterstützung vom Freundeskreis Zentrum Innere Führung e.V. und von der Karl-Theodor-Molinari-Stiftung, dem Bildungswerk des Deutschen BundeswehrVerbandes

Printed in Germany

ISBN 978-3-96776-010-1

Inhalt

Alois Bach und Carola Hartmann

Unser Plädoyer für mehr Wertschätzung und Anerkennung

Wir sprechen heute wieder von Heldinnen und Helden. Ganz unbefangen. Denn für uns alle ist offensichtlich, dass wir Menschen benötigen, die auch im Alltag bereit sind, Gefahren und Belastungen zum Wohle und Schutz von uns allen auf sich zu nehmen. Nur so können wir die schlimme Corona-Pandemie bewältigen und dabei möglichst viele Menschenleben retten.

Auf dem bisherigen Höhepunkt der Pandemie erinnerten Soldaten, Veteranen und auch einige Politiker an das „Karfreitagsgefecht" in Afghanistan, das am 2. April 2010 stattgefunden hatte und sich zum 10. Mal jährte. Damals waren drei Soldaten der Bundeswehr gefallen. Eine größere Resonanz darauf lösten sie allerdings nicht aus. Das schmerzt, vor allem die Einsatzveteranen. Sie bezeichnen sich selbst als „unsichtbar". Viele Mitbürger nehmen sie weder wahr noch wertschätzen sie ihre Leistungen, obwohl jeder Auslandseinsatz im Auftrag unseres Parlaments, in unserem Sicherheitsinteresse und zu unserem Schutz stattfindet.

Es fällt uns leicht, unsere Helden in der Bekämpfung der Pandemie mit schönen, ans Gefühl gehenden Aktionen zu unterstützen. Schließlich betrifft die Pandemie uns alle. Deren Folgen sind gewaltig; sie werden für jeden spürbar, zumindest aber medial sichtbar. Sie gefährden jeden Einzelnen, und sie werden uns noch lange beschäftigen. Es ist gut zu wissen, dass wir uns auf unsere Helden des Alltags verlassen können.

Warum ist das bei Auslandseinsätzen von Soldaten anders? Warum bleiben sie unsichtbar? Warum sind sie uns unbekannt? Warum werden ihre Leistungen nicht stärker

7

gewürdigt? Schnell fallen uns darauf einige Antworten ein: Die Gefahren, denen sich Soldaten in Auslandseinsätzen oder bei besonderen Missionen aussetzen, sind weit weg von der Heimat; die Berichterstattung darüber findet nur sporadisch oder bei besonderen Ereignissen statt.

Die Bürger in Deutschland sind davon nicht direkt betroffen, sie fühlen sich nicht bedroht. Zudem sind viele grundsätzlich skeptisch, was militärische Einsätze, insbesondere solche, die sich zu Kampfeinsätzen entwickeln, betrifft. Es ist daher kein Wunder, dass ein Verständnis dafür, dass Soldaten wie die heutigen Helden des Alltags ihr eigenes Leben für ein höheres Gut einsetzen, nur wenig vorhanden ist.

Zu Recht loben wir unsere Ärzte, Krankenpfleger und andere Berufstätige, weil sie in der Versorgung von Covid-19 Patienten mutig und tapfer sind. Sie ertragen die Strapazen ihrer Arbeit mit viel Disziplin und Ausdauer und legen dabei Entschlossenheit, Verantwortung und Charakterstärke an den Tag.

Diese Tugenden, die in Notzeiten viele Berufstätige benötigen, um ihre Aufgaben zu erfüllen, werden auch als „soldatische Tugenden" bezeichnet. Soldaten brauchen sie, weil ihr Beruf nun einmal durch das Handeln in die Gefahr hinein gekennzeichnet ist. Wäre es daher nicht sinnvoll, dass wir auch die Angehörigen derjenigen Berufsgruppe, nach der diese Tugenden benannt sind, mehr wertschätzen?

Es gibt noch weitere Gemeinsamkeiten. Genauso wie diejenigen, die in der Bekämpfung der Pandemie für uns alle so wichtig sind, klagen auch die Soldaten darüber, dass die Anforderungen von Familie und Beruf nur schwer vereinbar sind. Höhere Wertschätzung ist ihnen allen oftmals wichtiger als eine bessere finanzielle Vergütung.

Vielleicht liegt die fehlende Wertschätzung einfach daran, dass die Menschen zu wenig wissen, was Soldaten in den

Einsätzen tun und was insbesondere kriegerische Auseinandersetzungen von ihnen verlangen. Sie sind jedoch oftmals sehr daran interessiert. Dies veranschaulicht beispielsweise sehr deutlich eine Lesung von Oberst a.D. Rainer Buske auf der Leipziger Buchmesse 2017 vor rund 100 Zuhörern. Die meisten waren gekommen, weil sie einen Reisebericht über Afghanistan hören wollten. Als sie merkten, es sollte um Krieg in diesem Land gehen, reagierten sie zunächst verwundert. Sie blieben aber und diskutierten mit dem Autor noch weit über das Ende der Veranstaltung hinaus.

Wir glauben, dass es für uns alle gut ist, mit Soldaten und ihren Familien ins Gespräch zu kommen. Daher haben wir uns vorgenommen, authentische Berichte von Soldaten und ihren Ehefrauen, die in Büchern des Miles-Verlags enthalten sind, zu einem Sammelband zusammenzufassen. Diese Berichte zeigen: Soldaten sind nicht nur militärische Profis, die Kämpfe erfolgreich bestehen wollen. Ihnen geht es auch darum, die Werte, für die unsere freiheitliche demokratische Grundordnung steht und denen wir alle verpflichtet sind, vorzuleben. Sie orientieren sich daran selbst in den gefährlichsten Gefechtssituationen. Immer geht es ihnen um den Schutz von Menschen. Jedes Menschenleben zählt, auch das von Gegnern. Verantwortung und Humanität stehen bei ihrem Handeln im Vordergrund. Belastungen nehmen sie und ihre Familien in Kauf.

Folglich werden diesbezüglich Grundsätze und Verhaltensweisen in die militärische Ausbildung, vor allem in das spezielle einsatzvorbereitende Training integriert. Wahrung der Menschenwürde, Freiheit, Rechtsstaatlichkeit und Übernahme von persönlicher Verantwortung sind für unsere Soldaten keine abstrakten Postulate oder Worthülsen. Sie sind gelebte Tradition in der Bundeswehr mit praktischer Konsequenz für ihr Handeln.

Im ersten Teil dieses Buches lesen Sie Berichte über Gefechts- und Einsatzsituationen sowie die Rolle, die Werte und vor allem die Menschlichkeit in den Entscheidungen und im Handeln von Soldaten spielen. Was Verantwortung für das Führen von Soldaten im Einsatz bedeutet, das steht im zweiten Teil im Vordergrund. Dass deutsche Soldaten versuchen, Gewaltanwendung möglichst zu minimieren und weniger gewaltsame oder sogar gewaltfreie Wege suchen, um vorgegebene Ziele zu erreichen, zeigen die Beiträge im dritten Teil. Der letzte Teil veranschaulicht, welche Belastungen Soldaten und ihre Familienangehörigen während und auch nach dem Einsatz tragen. Wir wünschen uns sehr, Ihr Interesse geweckt zu haben.

Alois Bach und Carola Hartmann
Berlin und Bonn, im Juli 2020

I Werte im Einsatz

Stefan Schultze

Mensch bleiben im Gefecht

„Wir ziehen ins Gefecht!" Diese Worte des Kommandeurs meines Einsatzverbandes in Nordafghanistan sollten mir ihre wahre Bedeutung erst viel später offenbaren. Am 07. August 2009, ca. 3000 Meter westlich von Kunduz, standen wir im Feuerkampf. Wir setzten dem Feind nach und mussten dazu Teile einer Ortschaft durchqueren. Der einzig mögliche Weg war sehr schmal. Unmittelbar nach einem Wegeknick stand uns ein verlassenes Fahrzeug im Weg. Daran mussten wir vorbei. Ich befahl zwei Soldaten der ersten Gruppe, das Fahrzeug zu kontrollieren. Es wäre der ideale Platz für eine Sprengstofffalle gewesen. Ihr Gruppenführer meldete sofort „Ich gehe mit…!". Dieses Führen von vorn ist ein wichtiger Führungsgrundsatz im deutschen Heer. Dessen Anwendung verlangte ich von meinen Gruppenführern. Ich selbst versuchte immer, es meinen Soldaten vorzuleben.

Mit einem weiteren Soldaten seiner Gruppe führte der Gruppenführer die Kontrolle des Fahrzeugs durch. Es war glücklicherweise nicht mit Sprengstoff gefüllt. Wir konnten also unseren Auftrag weiter durchführen. Während eines Gefechts rufen Soldaten das ab, was sie geübt haben. Hier zeigen sich der Zusammenhalt des Zuges und sein damit verbundener Kampfwert. In dieser kritischen Situation zögerte keiner meiner Soldaten. Mut und Zuversicht sprach aus den Gesichtern. Der Zug funktionierte.

Gefechte dürfen jedoch niemals zu einer Selbstverständlichkeit werden. Sie sind kein gewöhnlicher Dienstalltag. Weder für die unterstellten Soldaten noch für einen selbst.

Menschlich bleiben und die Achtung vor dem menschlichen Leben dürfen niemals in Vergessenheit geraten. Keiner meiner Soldaten ritzte Kerben in die Schulterstütze seines Gewehres oder malte Striche an seinen Helm, um getötete Gegner zu zählen.

Was Werte für uns Soldaten bedeuten, möchte ich mit einem Beispiel veranschaulichen. Einmal führten wir zusammen mit der afghanischen Polizei ein Gefecht. Nach intensiven Kämpfen hatten wir dem Feind empfindliche Verluste zugefügt. In einer Gefechtspause wurde durch die afghanische Polizei ein zeitlich begrenzter Waffenstillstand mit dem Feind ausgehandelt. Ihm wurde Zeit gegeben, seine Toten und Verwundeten vom Gefechtsfeld zu bergen. Ich erinnere mich noch heute an die dadurch ausgelöste Empörung bei meinen Soldaten und zunächst auch bei mir. Unverständnis war unsere erste Reaktion; schließlich wollten genau diese Kämpfer uns kurz zuvor noch töten. Nach einer kurzen Zeit der Besinnung wich dieses Unverständnis jedoch dem Gefühl der Menschlichkeit. Ich sprach mit meinen Gruppenführern, diese mit ihren Soldaten. Am Kopfnicken erkannte ich deren Verständnis. Doch unsere Toleranz wurde an diesem Tag noch einmal auf die Probe gestellt. Ein Fahrzeug der feindlichen Kräfte passierte unsere eigenen Reihen. Es fuhr mitten durch unsere Stellungen. Das Fahrzeug war beladen mit schwer verwundeten Feindkräften. Sie mussten uns passieren, denn wir hatten den einzigen Weg nach Kunduz, wo eine ärztliche Versorgung möglich war, unter Kontrolle. Misstrauisch, aber verständnisvoll ließen wir das Fahrzeug, nachdem es kontrolliert war, durch. Keiner meiner Soldaten zeigte Häme oder machte sich über den Feind lustig, obwohl wir uns ihm in diesem Moment überlegen fühlten. Achtung vor menschlichem Leben ließ uns Mensch bleiben.

Nach dem Gefecht

Ein Gefecht endet nicht mit dem Brechen des letzten Schusses. Es endet auch nicht unmittelbar nach Rückkehr in das Feldlager. Bevor die Soldaten in die persönliche Nachbereitung gehen, müssen wir gemeinsam über das Gefecht sprechen. Gerade die gemeinsame Aufarbeitung ist wichtiger Bestandteil jeder Operation. Welche Beobachtungen haben wir gemacht? Welche Schwierigkeiten hatten wir? Welche Maßnahmen bewährten sich, welche nicht? Wichtig ist es dabei, den Soldaten Zeit zu geben. Sie müssen über ihre Eindrücke nachdenken können.

Manche Soldaten kommen mit ihren Erlebnissen nur schwer allein zurecht. In den Nachbesprechungen bemerken sie, dass es auch anderen so geht. Das hilft meistens. Schnell kommen das Lächeln und die Zuversicht wieder in ihre Gesichter zurück. Einige wenige Soldaten suchten jedoch Stunden, manchmal auch Tage nach den Einsatzbesprechungen das persönliche Gespräch mit mir. Sie offenbarten mir: „Hauptfeldwebel, es geht nicht mehr!" Zwei Soldaten musste ich selbst ansprechen, da ich an ihren leeren Augen ihre Erschöpfung erkennen konnte. Schon vor den ersten Gefechten hatte ich meine Soldaten aufgefordert, sich mir anzuvertrauen, wenn die Belastungen zu groß würden. Ich bot auch die Hilfe des Truppenpsychologen und des Militärgeistlichen an. Mir war bewusst, dass meine Soldaten dazu eine Hemmschwelle überwinden mussten. Daher sicherte ich ihnen zu, dass niemand als „Drückeberger" oder „Weichei" bezeichnet werden würde. Jeder könnte sich der Unterstützung durch den gesamten Zug sicher sein. Auch diese Maßnahmen haben weitgehend gegriffen. Jedoch leiden zwei meiner Männer noch an den Spätfolgen einer Posttraumatischen Belastungsstörung.

Wenn plötzlich einer fehlt – Verwundung im Gefecht

Im Gebiet um Kunduz gibt es Bereiche, wo man sich sicher sein kann, dass etwas passieren wird, wenn einen der Auftrag dorthin führt. Nur wann es passiert, das weiß man nicht. Eine wichtige Verbindungsstraße, die von Kunduz aus in den Westen führt, gehört dazu.

Am 07. August 2009 führte ein Auftrag uns auf diese Verbindungsstraße. Als wir darauf unterwegs waren, gerieten die unmittelbar hinter meinem Zug fahrenden afghanischen Polizisten unter Beschuss. Wir konnten sechs bewaffnete Personen erkennen, die aus einer Ortschaft auf uns schossen. Ich teilte meine Soldaten auf und ging links- und rechtsumfassend gegen die Ortschaft vor. Dabei war es wichtig, untereinander Verbindung zu halten und uns jederzeit gegen Angriffe zu sichern. Nachdem wir diese Sicherung eingenommen hatten, erkannte ich zwei nicht einsehbare Bereiche. Ich entschloss mich, selbst nach vorne zu gehen, um mir eine bessere Übersicht über das Gelände zu verschaffen. Plötzlich bemerkte ich eine Bewegung im Schatten eines Busches. Ein feindlicher Schütze lag in Stellung. Er eröffnete das Feuer und traf mich am rechten Arm. Der Soldat, der mich begleitete, nahm sofort den Feuerkampf auf. Zusammen wichen wir nach hinten aus. Dort wurden wir von meinen Soldaten aufgenommen. Die Verwundung war „mittelschwer", aber der Blutverlust bereits hoch. Ich teilte die Sicherung ein, befahl, was unseren Vorgesetzten zu melden ist. Ich selbst war sehr ruhig und versuchte, auch meine Soldaten zu beruhigen und ihnen die Nervosität zu nehmen. Ich versuchte sogar Witze zu machen, was meine Soldaten eher erschreckte. So gut es ging, unterstützte ich die Wundversorgung, sagte meinen Soldaten, wo sie zudrücken mussten und wo die Infusion gesetzt werden sollte. Als mein Sanitätstrupp mich erreichte, war ich bereits bestens versorgt. Die Blutung war gestillt, Schmerzmittel verabreicht, die Infusion lief.

Erst während der Rückfahrt in unser Feldlager wurden mir die Konsequenzen dieser Verwundung bewusst. Schnell schossen mir die Gedanken in den Kopf: „Ich kann doch jetzt nicht meinen Zug allein lassen! Der Einsatz geht doch noch mindestens zwei Monate! Wie soll das ohne mich funktionieren?" Im Feldlazarett hatte ich genügend Zeit, weiter darüber nachzudenken. Schlussendlich war ich mir sicher: „Meine Soldaten schaffen das! Meine Gruppenführer schaffen das! Auch ohne mich!" Dies teilte ich meinen Vorgesetzten mit. Ich war froh, dass sie mir vertrauten und meine Soldaten keinem neuen, unbekannten Zugführer unterstellten. Später erzählten sie mir, dass, nachdem der erste Schreck sich gelegt hatte, alle der Meinung waren: „Jetzt erst recht!" Sie haben die Gefechte, die noch folgen sollten, ohne weitere Ausfälle erfolgreich bestanden. Es war, wie mein Kommandeur es zu Beginn unseres Einsatzes gesagt hatte: Wir zogen in das Gefecht! Alle gemeinsam – trotz meiner Verwundung. Denn im Geiste war ich weiterhin bei meinen Soldaten.

Schluss

In Deutschland verlief meine Genesung zügig, aber nicht schnell genug, um zu meinem Zug in das Einsatzland zurückzukehren. Jedoch ließ ich es mir nicht nehmen, jeden Soldaten nach Beendigung des Einsatzes persönlich am Flughafen in Empfang zu nehmen. Mein Einsatz endete erst, nachdem auch der letzte meiner Soldaten wieder in der Heimat gelandet war.

Später las ich eine Textpassage, die meine innerste Überzeugung sehr gut beschreibt. Mir ist nicht bekannt, von wem diese Worte stammen, gleichwohl möchte ich sie hier als Schlusswort anführen: „Die wichtigste Voraussetzung für eine menschliche Führung ist die unermüdliche und dauernde Fürsorge des Vorgesetzten für seine Untergebenen. Er muss erreichen, dass alle Untergebenen zu ihm volles Vertrauen haben und genau wissen, dass er ihr bester Kamerad ist. Die Mannschaft soll ihn lieben. Insbesondere müssen Zug- und Kompanieführer immer ihren Mannschaften ein Vorbild und Beispiel sein. Je vernünftiger, überlegter und warmherziger eine Truppe geführt wird, umso stärker ist ihr innerer Zusammenhalt und Kampfwert. Ich bitte alle Vorgesetzten, sich dauernd und mit tiefem Ernst zu bemühen, ein solches Verhältnis in der Truppe zu schaffen.“

Uwe Unkelbach

Jedes Leben zählt – Als Sanitäter im Einsatz

Der Einsatzbefehl nach Afghanistan war da. Neben den Fallschirmjägern waren auch wir Sanis dabei. In der Division Spezielle Operationen gibt es noch die Besonderheit, dass jedes Fallschirmjägerbataillon eigene Sanitäter hat. Die Vorteile überwiegen bei weitem die Nachteile. Die Soldaten kennen sich seit Jahren, fahren auf die gleichen Übungen, wissen, wovon gesprochen wird, wenn von den Einsatzgrundsätzen der Fallschirmjäger die Rede ist. Dementsprechend absolvierten wir gemeinsam die Einsatzvorausbildung und in der verbleibenden Restzeit noch eine zusätzliche Sanitätsausbildung.

Im Einsatzland kehrte schnell Routine ein. Allein die Aufrechterhaltung der Einsatzfähigkeit der Fahrzeuge und des Sanitätsmaterials erforderte einen hohen Aufwand.

Erneut stand eine Patrouillenbegleitung auf dem Einsatzplan der Sanis. Es ging wieder raus auf die schlechten Straßen Afghanistans. Trotz des Schneckentempos würden wir im Auto ordentlich durchgerüttelt werden. Alles lief wie immer. Stundenlang. Irgendwann wurde das Führungsfahrzeug von einem Taxifahrer auf ein Problem aufmerksam gemacht. Er transportierte zwei Verletzte in die Richtung, aus der wir kamen, also in Richtung des Krankenhauses in Feyzabad. Ob wir helfen könnten, wurden wir gefragt.

Wir schauten uns das Ganze an. In einem japanischen Kleinbus lagen im hinteren Fahrgastraum zwei Verletzte quer auf dem Boden. Beide in landestypischer, nunmehr aber blutverschmierter Tracht. Wir erfuhren, dass es drei Stunden von hier entfernt einen schweren Autounfall gegeben hatte, an dem die beiden beteiligt gewesen waren. Es gab keine polizeiliche Ermittlungsarbeit, es kam auch kein Rettungswagen. So etwas gibt es in Afghanistan nicht. Die beiden konnten froh sein, dass der Taxifahrer überhaupt versuchte, sie in ein sechs Stunden entferntes Krankenhaus zu bringen. Der Taxifahrer berichtete, dass er schon eine tschechische Patrouille um Hilfe gebeten hatte. Die Tschechen hätten die beiden verbunden und ihnen Schmerztabletten gegeben. Diese würden nun nicht mehr reichen. Es war kurz nach 14.00 Uhr. Der Unfall sei gegen 10.00 Uhr gewesen. Der Leichtverletzte hatte einen schweren Unterarmbruch, ansonsten ging es ihm ganz gut, da er bereits mit einer guten Behelfsschiene verbunden war. Der Zweite sah schon deutlich schlechter aus. Er hatte bereits Anzeichen eines Blutmangelschocks, war aschfahl und schon schläfrig, weil er zu viel Blut verloren hatte. Es bestand akute Lebensgefahr.

Kurze Lagebesprechung mit dem Patrouillenführer Tom. Schnell wurde klar, alle waren bereit, weiter zu helfen. Das Einverständnis aus dem Lagezentrum kam zügig. Wir sollten uns, wie wir beantragt hatten, um die Verwundeten kümmern. Der Gesundheitszustand des Schwerverletzten war nun unser Problem. Es folgten erste Telefonate unseres Arztes im Sanitätstrupp mit dem leitenden Notarzt im Feldlager. Dieser war seit vielen Jahren in Deutschland auf einem der Rettungshubschrauber an einem Bundeswehrkrankenhaus stationiert und hatte schon viele schlimme Unfälle erlebt. Nur einen Hubschrauber bekamen wir hier draußen für die Versorgung eines Afghanen nicht. Zivile Hubschrauber gab es nicht, und die militärischen wurden für die Versorgung der stets gefährdeten Soldaten in Bereitschaft gehalten. Wir machten eine Raum-Zeit-Berechnung und kamen zu dem Ergebnis, dass wir mindestens fünf Stunden zurück ins Feldlager und dem darin gelegenen Operationssaal benötigen würden. Der erfahrene leitende Notarzt gab dem Schwerverletzten unter diesen

Bedingungen wenig Überlebenschancen, ließ aber alles für seine Notoperation in unserem Feldlager vorbereiten.

Parallel war viel passiert. Auf der schmalen Straße interessierten sich – nicht anders als bei uns zu Hause auch – überall Schaulustige für die deutsche Militärpatrouille, die den verletzten Afghanen half. Autos hielten an, Leute stellten Fragen, Ziegen- und Schafherden wurden vorbei getrieben. Die Einsatzkräfte regelten routiniert den Verkehr und hielten die Zuschauer fern, so dass wir Sanis in Ruhe arbeiten konnten.

Glücklicherweise hatten wir seit Beginn unseres Einsatzes immer für den schlechtesten Fall geplant und entsprechend viel Sanitätsmaterial eingepackt: Wir wussten also, dass wir in keine Materialengpässe kommen würden. Dementsprechend konnten wir alles verwenden, was auch ein deutscher Notarztwagen bei einem Unfall bei uns zu Hause dabei hätte. Teilweise waren unsere Vorräte sogar noch höher. Wir zogen alle Register. Die ersten Infusionen lagen und liefen in den Patienten, er bekam endlich ausreichend starke Schmerzmittel. Wir mussten den guten Verband des tschechischen Sanitäters komplett entfernen, da dieser nicht mehr ausreichte. Der Patient hatte sich nicht nur eine der großen Venen in der rechten Leiste zerrissen. Sein gesamter Unterleib war aufgeplatzt. Die Hoden lagen frei. Viel schlimmer war jedoch, dass dahinter eine riesige Wunde bis in den Beckenbereich klaffte, aus der er hauptsächlich blutete. Eine sehr gefürchtete Verletzung, da hier eine Blutung nahezu unstillbar vor sich hin sickert. Das einzige, was hier helfen konnte, wäre eine Notoperation. Bis dahin mussten wir den Blutverlust so gering wie möglich halten. Hierzu gibt es spezielle Verbandstoffe, die man in die Wunde stopft und die sich dann ähnlich wie ein Tampon ausbreiten. Deswegen heißt das Verfahren auch „Austamponieren“. Unsere Maßnahmen zeigten Wirkung: Wir konnten erstmalig wieder einen

Blutdruck messen. Der Patient kam zu Bewusstsein, so dass wir über unseren Sprachmittler wenigstens seinen Namen und sein Heimatdorf erfahren konnten. Der Leichtverletzte mit dem Unterarmbruch war mit ihm verwandt. Er fuhr mit dem Taxifahrer weg, um Verwandte in Feyzabad zu informieren.

Nach Abschluss der für den Transport vorbereitenden Maßnahmen – warmes Einpacken in Rettungsdecken, da Schwerverletzte schnell auskühlen, Anschluss an das EKG usw. – wendete unsere Patrouille ihre Fahrzeuge und fuhr los. Wir kamen zunächst gut voran. Die schlechten Straßen machten unseren hochtechnisierten Überwachungsgeräten schwer zu schaffen. Selbst die besten, für knallharte Einsatzbedingungen gebauten Systeme kamen auf diesen Wackelpisten an ihre Grenzen. Wir mussten uns auf unsere fünf Sinne verlassen, was sehr gut funktionierte. Das wichtigste Gerät, die Sauerstoffversorgung, arbeitete solide ohne Ausfallerscheinungen. Nachdem anfangs aufgrund der Stabilisierung des Patienten Hoffnung aufgekeimt war, schwand diese später allerdings zusehends. Die Kreislauffunktion unseres Patienten verschlechterte sich immer mehr. Um den Blutdruck aufrechterhalten zu können, mussten wir stärkere Medikamente verabreichen. Wir waren gut zwei Stunden unterwegs. Der Patrouillenführer fragte regelmäßig bei uns nach: Wie sieht es aus bei Euch? Können wir weiter? Wir hatten alle einstimmig beschlossen, auf Pausen zu verzichten, um Zeit zu sparen. Warum, das war allen klar.

Trotzdem war der Punkt irgendwann erreicht: Meldung an den Patrouillenführer, dass wir anhalten müssen. Dem Patienten ging es zu schlecht. Rückfrage: Wir erreichen gerade ein Dorf, können wir noch durchfahren oder muss es jetzt sein? Ja, jetzt. Die Patrouille hielt. Sofort sammelten sich Kinder und Schaulustige um unsere Patrouille. Sie wollten nur wissen, was wir da so trieben. Wieder schirmten uns die Fallschirmjäger von dem Trubel um uns herum ab. Der Blutdruck des Patienten war eingebrochen. Er atmete zu flach, so dass das Blut zu wenig Sauerstoff transportierte. Wir entschlossen uns, den Patienten an die Beatmungsmaschine anzuschließen, da er sonst keine Chance mehr hätte. Hierzu musste er intubiert werden, ein Behandlungsverfahren, bei dem ein spezieller Schlauch in die Luftröhre eingebracht wird und welches nur von im Rettungsdienst erfahrenem und geschultem Personal durchgeführt werden sollte. Hierbei kam uns zugute, dass die Sanitätsfeldwebel zivil examinierte Rettungsassistenten sind und damit die gleichen Qualifikationen besitzen wie Rettungssanitäter auf einem deutschen Rettungswagen. Das kritische Manöver gelang gleich im ersten Anlauf. Die Maschine pumpte 100 Prozent Sauerstoff in die Lungen des Patienten. Sein Zustand verbesserte sich wieder.

Vor dem Fortsetzen der Fahrt checkten wir den Patienten durch. Dabei mussten wir feststellen, dass der Verband, der das Becken austamponiert hatte, völlig durchgeblutet war. Seine vormals gute Druckwirkung konnte nicht aufrechterhalten werden. Wir mussten ihn wieder wechseln. Blutig getränkte Verbandmittel flogen aus dem Sanitätsfahrzeug auf die sandige Hauptstraße. Wir hatten keine Zeit für große hygienische Abfallentsorgung. Es musste schnell gehen, da der Patient schon zu viele Gerinnungsstoffe wegen seines hohen Blutverlustes verloren hatte. Eine der Wunderfunktionen des roten Saftes, die Blutgerinnung, funktionierte fast nicht mehr.

Das einzige, was wir tun konnten, war, dem Blutverlust mit dem Druck unserer Verbandmittel entgegen zu wirken. Die Finger flogen. Dieser Verbandwechsel gelang uns noch schneller als der erste. Trotzdem schafften wir es nicht, den Patienten noch einmal so weit zu stabilisieren, dass die Fahrt aus dem Dorf im Nirgendwo

Afghanistans fortgesetzt werden konnte. Zuerst brach der Blutdruck ein und dann kamen, wie befürchtet, die ersten Herzrhythmusstörungen. Wir waren den Weg jetzt so weit mit dem Patienten gegangen, dass wir uns dazu entschlossen, den Patienten nun auch wiederzubeleben, obwohl wir wussten, dass die Statistik ihm dafür nur eine Überlebenswahrscheinlichkeit von unter einem Prozent gibt. Wir begannen, ihn neben der begleitend zur maschinellen Beatmung durchgeführten Herz-Druck-Massage zu defibrillieren. Dabei werden über zwei spezielle Handgriffe starke Stromstöße über den Brustkorb an das Herz weitergegeben. Trotz dieser Maßnahmen musste der Doc nach einer halben Stunde den Tod feststellen. Der Patient war seinen schweren Verletzungen und dem hohen Blutverlust erlegen. Es gab keine Rettung mehr für ihn. Für einen kurzen Moment stand die Zeit still. Auch wenn wir in unserer zivilen Ausbildung zum Rettungssanitäter bzw. zum Notarzt schon mehrfach den Tod eines Menschen mitbekommen haben, entwickelt man doch keine Routine dabei. Man wird dadurch immer persönlich berührt. Für die meisten Fallschirmjäger, die weiterhin um unser Fahrzeug eine Sicherung aufgebaut hatten und sich zusammen mit dem Sprachmittler um die zahlreichen Einheimischen kümmerten, war es das erste Mal, dass sie in der Nähe waren, als ein Mensch starb. Jeder, der mit nach Afghanistan gekommen war, wusste, dass hier mit allem zu rechnen war. Und nun eben auch damit, dass wir einen Verstorbenen in unserem engen Sanitätsfahrzeug in seinem Blut liegen hatten, den wir in diesem Zustand nicht nach Feyzabad fahren wollten.

Alles umsonst?

Es musste der Ausrüstungsgegenstand her, den wir in unserem Sanitätsfahrzeug am allerwenigsten einsetzen wollten: der Leichensack der Bundeswehr. Ein riesiger gummierter Sack in olivgrün mit einem wasserdichten Reißverschluss. Die Soldaten spannten hinter dem Fahrzeug Zeltplanen auf, damit der Tote unter Sichtschutz aus dem Fahrzeug heraus in den Sack gebettet und dann in das Fahrzeug zurückgelegt werden konnte. Während der Patrouillenführer mit dem Lagezentrum Verbindung aufnahm, um die Übergabe des Verstorbenen an die Hauptpolizeiwache in Feyzabad und die noch vor Sonnenuntergang nötige Segnung des Verstorbenen durch einen Mullah zu klären, räumten wir den Standplatz und unser Fahrzeug auf und stellten die Abmarschbereitschaft wieder her.

Im Lager angekommen wurde die obligatorische ärztliche Abschlussbesprechung durchgeführt. Sowohl der leitende Chirurg als auch der leitende Notarzt bestätigten, dass die Verletzungen zu schwer waren, um das Leben des Verletzten zu retten. Trotzdem war uns Sanis eine gewisse Niedergeschlagenheit anzumerken. Als einen der letzten Sätze sagte einer der Fallschirmjäger zu uns: „Wir verstehen, dass Ihr niedergeschlagen seid, aber Ihr müsst es so sehen: Der Verletzte ist in dem Wissen gestorben, dass Ihr um ihn gekämpft und Euer Bestes gegeben habt. Und uns ist allen klar, dass es jedem von uns da draußen genauso passieren kann. Aber nachdem wir Euch haben arbeiten sehen, ist uns noch mehr als vorher klar – schön, dass Ihr immer dabei seid."

Michael G. Andritzky

Kampf für Frieden und Versöhnung

Anfang April 2010, Mazar-e Sharif, Afghanistan. Vor etwa eineinhalb Wochen ist meine Kompanie im Einsatzland eingetroffen. Wir sind die Eingreifreserve am Observation Post (OP) North in der Unruheprovinz Baghlan. Die Vorbereitungen dafür laufen auf Hochtouren.

Am 15. April 2010 kommt es in unserem Einsatzraum zu einem folgenschweren Gefecht. Vier deutsche Kameraden fallen. Betretene Gesichter bei nahezu allen Soldaten – jedem ist klar geworden, wie gefährlich das Gebiet ist, in dem wir in den nächsten Wochen unseren Auftrag durchführen werden.

Juli 2010, OP North. Die Kompanie hatte ihre Feuertaufe bestanden und seitdem mehrere kleinere Gefechte erfolgreich geführt. Eigene Verluste hatten wir glücklicherweise nicht zu beklagen. Uns zeichnete Ruhe, Überzeugung, Sicherheit im Auftreten und Handeln sowie hohe Professionalität aus.

Das erste große Gefecht überzeugte mich davon, dass meine Männer im Chaos eines jeden Kampfes einen kühlen Kopf bewahren. Selbst unter schwerem feindlichem Feuer, bei dem Mörser und Panzerabwehrwaffen zum Einsatz kamen, riefen sie diszipliniert das gemeinsam Eingeübte ab. Auf die Männer war Verlass: Was für ein gutes und befriedigendes Gefühl war dies für mich als Kompaniechef. Es hatte sich ein unsichtbares, starkes Band zwischen Führern und Geführten entwickelt, ein Band des gegenseitigen Vertrauens in das wechselseitige Können und in die Gemeinschaft. Dies ist für mich ein wichtiger, wenn nicht der wichtigste Schlüssel zum Erfolg im Einsatz und ganz besonders im Gefecht.

August 2010, Dahande Shahabuddin. Wir befinden uns im Bereich einer Schule rund 1500 Meter südostwärts einer Ortschaft und 1400 Meter nordwestlich einer Brücke, die später als Pauli-Brücke traurige Bedeutung erlangen soll. Dieses Gelände diente radikalislamischen Gruppierungen über Monate hinweg als Rückzugsgebiet. Von dort aus führten sie immer wieder Angriffe auf meine Soldaten, aber auch auf unsere Verbündeten und auf unbeteiligte Zivilisten durch.

Nach einer von uns gemeinsam mit der afghanischen Armee und Polizei durchgeführten Offensive ist der Rückzugsraum nahezu komplett in unserer Hand. Nun kommen sogenannte „Reintegrierte", also Überläufer, zum Einsatz, um den Bereich langfristig zu sichern. Diese hochmotivierten Hilfspolizisten waren ehemalige Aufständische, die das Angebot der afghanischen Regierung angenommen hatten, die Seiten zu wechseln. Sie erhielten nicht nur Ausbildung und Geld, sondern durften ihre ehemaligen Heimatdörfer verteidigen. Zuvor hatte die Dorfältestenversammlung ihrer Reintegration zugestimmt. Sie war damit mitverantwortlich dafür, dass die Überläufer nicht erneut die Seiten wechselten. Im Norden Afghanistans, dort also, wo wir eingesetzt waren, war dieses „Afghan Peace and Reconciliation Program" (APRP)[1] besonders erfolgreich.

Mit den Dorfältesten und später auch mit den Überläufern besprachen wir unsere Vorgehensweise. Wir wollten alle Beteiligten von der einmaligen Gelegenheit überzeugen, sich endlich von der jahrzehntelangen Unterjochung zu befreien. Gleichzeitig wiesen wir darauf hin, dass nicht alles „wie am Schnürchen" funktionieren würde. Frustra-

---

[1] Siehe hierzu auch den Beitrag von Uwe Hartmann in diesem Buch.

tionstoleranz war gerade in der Anfangsphase unserer Operation erforderlich.

Auch meine Soldaten waren davon überzeugt, die wieder einzugliedernden ehemaligen Gegner in diesem Gebiet einzusetzen. Sie hatten die Sinnhaftigkeit des Reintegrationsprogramms erkannt und wollten sich für dessen erfolgreiche Umsetzung einsetzen. Doch nicht nur wir wussten um die sich uns bietende Möglichkeit, den Einfluss der Aufständischen auf diese Region nachhaltig zu unterbinden. Auch dem Feind war klar, dass eine erfolgreiche Einbindung der Überläufer ihren Einfluss wesentlich verringern würde. Daher überraschte uns der feindliche Angriff nicht. Die Art und Weise, wie unsere Gegner angriffen, suchte jedoch ihresgleichen.

16. September 2010. Der gut vorbereitete Angriff der inzwischen auch aus Pakistan und anderen afghanischen Landesteilen eingetroffenen Aufständischen beginnt. Zwei Fahrzeuge der US-amerikanischen Infanterie waren ihren Sprengstoffanschlägen bereits zum Opfer gefallen. Nun drohte der Feind, unsere Hilfspolizisten, die sich in einem Feldposten verschanzt hatten, anzugreifen. Ein Infanteriezug des US-amerikanischen Heeres sollte sie vor Ort verstärken. Dessen Vorstoß endete allerdings in den frühen Morgenstunden des darauffolgenden Tages an der Brücke bei Kotub. Ein zäh verteidigender Feind verwehrte das Überschreiten dieser Brücke.

Die Absicht des Feindes schien klar: Sie wollten Verstärkungskräfte im Bereich der Brücke bei Kotub abnutzen sowie alle Hilfspolizisten töten, um das Reintegrationsprogramm im Keim zu ersticken.

Uns war bewusst, was dies bedeutete und worauf es nun ankam. Unverzüglich wurde die Stellung der mittlerweile stark abgekämpften amerikanischen Soldaten mit einem Zug unserer Panzergrenadiere und einem Zug unserer Gebirgsjäger verstärkt.

Das Bild vor Ort verhieß nichts Gutes. Die Aufständischen hatten die Brücke bei Kotub gesprengt und griffen nun massiv die Überläufer in deren Feldposten an. Ihr Kommandant, Commander Sher, mit dem wir ein knappes Vierteljahr täglich mehrfach in Verbindung standen und der mit uns das Reintegrationsprogramm in die Praxis umsetzte, informierte uns per Telefon, dass er von Aufständischen umringt sei. Wir sollten „um Gottes Willen" etwas unternehmen, damit sie den Taliban nicht in die Hände fielen. Kurz darauf war die Verbindung abgebrochen.

Nach kurzer fernmündlicher Absprache mit meinem Vorgesetzten entschied ich: „Meine Kompanie greift sofort an und nimmt den Feldposten, an dem die Hilfspolizisten eingesetzt sind. Dazu:

- B-Zug (Panzergrenadiere) bezieht sofort unter Aufrechterhaltung Flankensicherung Stellung bei Brücke Kotub, hält nieder Feind, so dass Panzerschnellbrücke Biber unter Feuer gelegt werden kann, bildet danach Brückenkopf jenseits Baghlanfluss, hier Schwerpunkt, und weitet diesen aus, um im Anschluss daran weiter auf Befehl Richtung des Feldpostens anzugreifen.
- A-Zug (Gebirgsjäger) folgt B-Zug, nimmt auf Biber und weist diesen Einsatzort zu, stellt sich darauf ein, auf Befehl den Feldposten anzugreifen.
- C-Zug (Gebirgsjäger) führt nach Biber und stellt sicher Offenhalten Anmarschweg sowie Sicherung Schnellbrücke.

Ich befinde mich zwischen B und A!"

Obwohl die Aufständischen nicht mit einer derart schnellen Überquerung der gesprengten Brücke gerechnet hatten, verteidigten sie in diesen Stunden äußerst hartnäckig und wichen nur zum Stellungswechsel aus. Nur langsam kamen wir, von Hinterhaltstellung zu Hinterhaltstellung kämpfend, voran.

Am darauffolgenden Tag nahmen wir den Feldposten wieder ein. Das Bild, das sich uns dabei bot, war an Grausamkeit nicht zu überbieten: Zerfetzte Leichen sowie hingerichtete Verwundete unserer wiedereingegliederten afghanischen Kameraden, einschließlich ihres Commander Sher, waren über das gesamte Gelände verteilt. Wieder hatten die Überläufer den größten Blutzoll zu zahlen. Glücklicherweise gelang es einigen, auszuweichen. Sie waren unverändert bereit, das Reintegrationsprogramm am Leben zu erhalten und ihren Feldposten wieder zu besetzen.

10. Oktober 2010, Mazar-e Sharif. Mit dem Gefühl, in den zurückliegenden sechs Monaten tatsächlich etwas bewegt zu haben, verabschiedeten wir uns aus dem Land. Wir haben unsere Aufgaben inmitten eines Rückzugsgebietes der Aufständischen erfolgreich ausgeführt. Dabei waren die Umstände sehr widrig. Wochen- und monatelang lebten wir außerhalb von den großen Feldlagern und schliefen meist nur unter Zeltplanen. Dies alles schweißte meine Soldaten zu einer verschworenen Gemeinschaft zusammen. Mit Stolz und der Überzeugung, etwas Gutes geleistet zu haben, blicken wir auf unseren Einsatz, der uns auf ewig verbinden wird, zurück. Jeder hat es auf seine individuelle Art und Weise kennen, hassen, aber auch lieben gelernt.

Julian Jüttner

Seesoldaten. Sie schützen, retten, kämpfen – auch im Mittelmeer

Am 19. September 2015 rettet ein Bordeinsatzteam unter meiner Führung 108 Menschen aus Seenot. Ihr Schlauchboot wurde durch die Fregatte SCHLESWIG-HOLSTEIN ca. 70 nautische Meilen vor der libyschen Küste aufgeklärt. Am gleichen Tag wurden noch weitere 659 in Not Geratene durch uns aufgenommen.

„Allahu akbar" – Die Seesoldaten vernehmen diesen Ausruf aus über hundert Stimmen, lesen es als Schriftzug auf allen Seiten des Schlauchbootes; ja sogar auf dem kleinen Außenbordmotor prangt der Schriftzug. Im kurzfristig neu angeordneten Einsatz – erst Seenotrettung unter deutschem Kommando, dann ab Juni 2015 als Operation SOPHIA unter europäischer Führung – gilt es, interkulturelle Kompetenz zu beweisen und über den Tellerrand der eigenen Ausbildung hinaus zu blicken. Jahrelang durch die Erfahrungen aus der Mission ATALANTA am Horn von Afrika und aus dem Einsatz in Afghanistan geprägt, wurde die obige Formel mit religiöser Kriegsführung, mit Terror und Zerstörung verbunden. Im Mittelmeer jedoch ist es ein Zeichen der Hoffnung, ein Aufschrei der Erleichterung und Dankbarkeit.

Seesoldaten im Mittelmeer

Der Auftrag der Bordeinsatzsoldaten des Seebataillons im Mittelmeer ist ein gänzlich anderer als jeder bisher Dagewesene und jeder, für den wir in der harten, monatelangen Ausbildung vorbereitet wurden. Als Infanteristen der Marine ist es die originäre Aufgabe der Bordeinsatzkräfte, im Rahmen von Seeraumüberwachungs- und Embargo-

Operationen deutsche Kriegsschiffe im Nahbereich vor Angriffen zu schützen, für Boardingoperationen zur Verfügung zu stehen und zivile Handelsschiffe auf ihrem Weg durch gefährliche Seegebiete zu sichern, zum Beispiel für das World Food Programme. Und doch: Auch vor Libyens Küste gilt es, wie überall und jederzeit, zu schützen, zu retten und zu kämpfen.

Diese Verben beschreiben die Arbeit der Soldaten im Mittelmeer sehr treffend. Im Regelfall zu zehnt, acht Einsatzsoldaten und zwei Teamführer, werden die Soldaten der Bordeinsatzkompanie auf den seefahrenden Einheiten der Deutschen Marine eingesetzt. Sie verbringen den Tag mit Weiterbildung und Vorbereitung für den Ernstfall. Schießen, waffenlose Selbstverteidigung, Sport, gemeinsame Stunden mit Feldjägern, Rechtsberatern, Psychologen und der Bordbesatzung stehen auf dem Plan. Routine in ständiger Erwartung einer Durchsage, welche sie in sofortige Alarmbereitschaft versetzen würde. Dazu zählen die Rettung in Not geratener Personen, die „Speedbootabwehr", um das eigene Schiff vor einer äußeren Bedrohung zu schützen, und das Boarding, d.h. das Anfahren, Anhalten und Durchsuchen eines verdächtigen Kontaktes.

Leben retten

Hierbei gilt es, schnellstmöglich den sogenannten Vollschutz anzulegen. Dies ist ein Ganzkörperschutzanzug zur Vorbeugung von Krankheiten. Helm, Schutzweste, Ausrüstung und Bewaffnung werden darüber getragen. Mit Mundschutz, zwei Lagen von OP-Handschuhen und ganz in luft- und wasserdichtem Stoff gehüllt besetzen wir die Speedboote und fahren den treibenden Untersätzen der in Not Geratenen entgegen. Teilweise mehr als 18 Stunden am Stück bergen wir Hunderte von Hilfsbedürftigen, die wir mitunter direkt aus dem Wasser ziehen und vor Ort versorgen. Eine derartige Aufgabe haben die

30

Soldaten nicht trainiert. Sie sind auf die Bilder und Geräusche, die Schreie, Krankheiten, Verletzungen und Menschenmassen nicht vorbereitet. Dennoch konnten sie jede Situation konzentriert und professionell meistern.

Die Kameraden schützen

Unbekannte Fahrzeuge nähern sich unserem Boot oder Schiff. Nun gilt es, die Waffenstationen zu besetzen, um eine Gefahr abzuwehren. Bordeinsatzsoldaten verteidigen im Nahbereich. Sie besetzen die Maschinengewehre, um Bereiche des Schiffes zu verteidigen, die nicht mit den großen Geschützen abgedeckt werden können.

Aktiv gegen Schleuser

Im Fall einer Boardingoperation stellt sich das Aufgabenspektrum gänzlich anders dar. Ein verdächtiges Fahrzeug wird aufgeklärt. Vielleicht ein Schmuggler, vielleicht ein „Spotter" – also jemand, der das Vorgehen der Soldaten beobachtet und an die Profiteure des Menschenhandels weitermeldet. Auch hier besetzen die Seesoldaten die Speedboote, legen ihre ballistische Schutzausrüstung an, aber die Bewaffnung ist umfangreicher: die Anzahl an Magazinen ist deutlich höher als bei anderen Aufgaben.

Schützen, Retten, Kämpfen – als Berufsbild

Aus dem geschilderten Aufgabenspektrum wird klar: Die Arbeit an Bord vor den Küsten des südlichen Mittelmeeres ist geprägt von allen Facetten des fordernden Berufes eines Seesoldaten – Schützen, Retten, Kämpfen. Woher nehmen die Soldaten der Bordeinsatzkompanie die hierfür notwendige hohe Motivation? Eindeutige Antwort: Aus ihrem soldatischen Selbstverständnis und ihrem Willen, das Erlernte aus der Ausbildung zielgerichtet einzusetzen.

Mehrere Monate durchlaufen die Bordeinsatzsoldaten verschiedenste Module, welche sie auf ihren Einsatz vorbereiten und sie zu einem funktionstüchtigen Team zusammenschweißen. Hierbei wird stets darauf geachtet, neue Erkenntnisse aus den aktuellen Einsätzen in die Ausbildung einfließen zu lassen.

Auf dem Programm stehen körperlich fordernde Abschnitte, eine Vielzahl an Stunden im Nahkampfraum, auf Schießbahnen und Truppenübungsplätzen sowie Taktiktraining, Abseilen und das sogenannte Fastroping. Hinzu kommen etliche Unterrichtsstunden zusammen mit den Team- und Zugführern, bataillonsinternen Feldnachrichtenkräften, Psychologen und Rechtsberatern. Die Soldaten sollen ein Verständnis für ihr Gegenüber entwickeln, die Eigenarten von Menschen aus diversen Herkunftsregionen kennenlernen und Lösungsansätze finden, wie mit ihnen umzugehen ist. Es gilt, die ethische, rechtliche und politische Legitimation des Auftrages zu verdeutlichen. Bordeinsatzsoldaten sollen stets wissen, warum sie für Deutschland zur See fahren – vor Somalia wie auch im Mittelmeer.

Und zur See fahren die Marineinfanteristen seit der Aufstellung des Seebataillons im April 2014 immer häufiger. Zum einen ist dies der Tatsache geschuldet, dass die bereits angesprochene, herausfordernde Ausbildung nur ein gewisser Prozentsatz der Bewerber besteht. Der Nachwuchs ist also begrenzt. Zum anderen liegt es an den bundeswehrweit einzigartigen Fähigkeiten der Seesoldaten. Aufgrund der steigenden Anzahl von Einsätzen der Bundeswehr sind Bordeinsatzsoldaten nahezu durchgehend im Einsatz.

Für 2016 bedeutete dies konkret: Mindestens zehn Soldaten waren in der Operation SOPHIA auf einer deutschen Einheit im Einsatz. Je Team für vier bis sechs Monate. Das ganze Jahr. Weitere zehn Soldaten nahmen an der

Operation ATALANTA teil. Wiederum für jeweils vier bis sechs Monate. Hinzu kamen weitere fünf Einsatzkräfte, welche ein militärisches Versorgungsschiff des A-TALANTA-Verbandes vor Angriffen schützten. 25 Soldaten im Einsatz, das mag nicht viel erscheinen. In Anbetracht der Tatsache, dass nur etwas mehr als 40 Soldaten der Kompanie den Status „einsatzklar" besitzen, wird schnell deutlich, dass diese Einsatzkräfte hoch belastet sind – nicht nur durch lange Abwesenheiten, sondern auch durch ihre Erlebnisse vor Ort.

SOPHIA – eine neue Mission mit neuen Werten?

Der Einsatz im Mittelmeer konfrontiert die deutschen Soldaten und ihre europäischen Verbündeten fast täglich mit Szenarien fernab der eigenen Lebenswirklichkeit. Stets wird in der Heimat, der Führungsphilosophie der Inneren Führung folgend, von interkultureller Kompetenz gesprochen, die Einsatzregeln („Rules of Engagement" bezeichnen im militärischen Bereich die Regeln zum Einsatz von Gewalt und Zwangsmaßnahmen bei einer Operation) gelehrt und den Soldaten möglichst anschaulich vermittelt, was es bedeutet, Staatsbürger in Uniform zu sein. Doch bewähren sich diese Führungsgrundsätze auch dann, wenn man bei über 40°C Lufttemperatur hunderten angsterfüllten Menschen gegenübersteht, die eine andere Sprache sprechen und aus einer Welt kommen, die einem völlig fremd ist?

Die ersten Einsatzerfahrungen zeigen, dass die Verinnerlichung staatlicher und gesellschaftlicher Werte, insbesondere das Verständnis von Menschenwürde und Menschenrechten, den Bordeinsatzsoldaten helfen, immer wieder, auch unter größten physischen und psychischen Belastungen, mit beachtlicher intrinsischer Motivation professionell zu arbeiten. Sie wollen helfen, wollen schützen, retten und kämpfen. Ich möchte jedoch festhalten, dass dieses soldatische Selbstverständnis und diese Bereitschaft zur Übernahme von Verantwortung immer wieder in einen Konflikt treten können mit den Erlebnissen mit den in Not Geratenen.

Eigene Moralvorstellungen und die feste Überzeugung, richtig zu handeln, stoßen an ihre Grenzen, wenn man mit Menschen mit anderer Kultur und eigenen Werten und Normen hautnah in Kontakt tritt. So ist es aus Sicht der Seesoldaten zum Beispiel selbstverständlich, Frauen, Kinder, Verletzte und Schwache zuerst zu retten. Sie sind Schutzbedürftige. Ihre Versorgung benötigt die meiste Zeit, ihr Transport ist aufwendiger als der von verhältnismäßig Gesunden und Starken. Dies steht allerdings in diametralem Gegensatz zur Weltanschauung einiger Völkergruppen. Sowohl Flüchtende aus dem arabischen Raum wie beispielsweise Syrer, Algerier und Libyer als auch afrikanisch stämmige Hilfesuchende folgen in ihrer jeweiligen Heimat einem anderen Werteverständnis. Gemäß ihrer persönlichen Stellung beanspruchen insbesondere Männer immer wieder, als erste Schwimmwesten zu bekommen und geborgen zu werden. Hier bricht bei den häufig sehr heterogenen Gruppen und dem beschriebenen Vorgehen der deutschen Retter – Frauen und Kinder zuerst – schnell Streit um den persönlichen Status aus. Manchmal gibt es Schlägereien um die bestmögliche Position an Bord.

In solchen Momenten erfährt interkulturelle Kompetenz ihre „Feuertaufe". Die Soldaten wissen sehr wohl, dass ihnen ein solches Verhalten begegnen kann; und doch zeichnet die Realität in viel drastischeren Farben, als ein Unterricht oder eine praktische Ausbildung dies könnten. Interkulturelle Kompetenz bedeutet, die eigenen ethischen Überzeugungen zu reflektieren und sich vor Augen zu führen, dass ein Gegenüber durchaus eigene Vorstellungen verfolgen kann, welche weder besser noch schlechter, in jedem Fall aber deutlich anders sein können. Verinnerlichte Führungsgrundsätze geben den Soldaten zwar interkulturelle, rechtliche, ethische und menschliche Handlungssicherheit, aber dennoch bleiben viele Fragen unbeantwortet: Wie kann man seiner Aufgabe gerecht werden, seinen Auftrag erfüllen, ohne dabei seine eigenen Grundsätze aufzugeben oder den Menschen, welche es zu retten gilt, ihre zu verwehren?

Erkenntnisse

Unabdingbar ist, die Würde und Rechte jedes einzelnen Menschen zu achten und zu schützen. Viel intensiver als im Unterricht oder in Gesprächen mit der Familie und Freunden beschäftigen sich die Seesoldaten im Einsatz mit der Frage, wo diese Würde und Rechte handfest, fassbar und akut zu Tage treten. Hier setzen die Vorgesetzten an und führen in Zusammenarbeit mit den Psychologen der Einsatzflottille einsatzvor- und einsatznachbereitende Ausbildung durch. Diese geht über den Rahmen der allgemeinen Unterrichte und Einsatznachbereitungsseminare hinaus.

Wo Soldaten unter extremen Bedingungen, Hitze und Seegang mit kranken, verletzten und panischen Menschen arbeiten, kann nicht mit Befehl und Gehorsam geführt werden. Die Anwendung des Prinzips „Führen mit Auftrag" ist unabdingbar. Jeder einzelne Soldat muss im Sinne des Auftrags selbstverantwortlich handeln können. Die moralische Dimension der Mission darf nicht ausgeklammert werden. Eine tiefgreifende Befassung mit dem Auftrag, dem Berufs- und Selbstverständnis der Soldaten, mit dem Thema der Menschenwürde und den verbrieften Menschenrechten des Grundgesetzes vor, während und nach der Operation ist unverzichtbar.

Zurück im Alltag

Auch für die Heimat stellt der neue Einsatz ein Novum dar. Gemäß dem früheren Verteidigungsminister Peter Struck hieß es lange, dass Deutschland auch am Hindukusch verteidigt werde. Doch kaum ein deutscher Staatsbürger spürte je eine Nähe zu den Geschehnissen in Afghanistan. Die Folgen der sogenannten Flüchtlingskrise sind jedoch für jeden sichtbar. Tag um Tag erreichen Menschen Deutschland in der Hoffnung auf Asyl und eine Zukunft in Frieden, Sicherheit und möglichst auch in Wohlstand.

Auch nach ihrer Rückkehr ist für die Soldaten die Beschäftigung mit dem Thema der Migration unausweichlich. Denn sie unterstützen bei der Bewältigung dieser Krise auch im Inland. Erst wurde der Beitrag der Bundeswehr unter „Helfende Hände" bekannt, nun heißen die Soldaten „Schnelle Unterstützungskräfte". Sie bauen für Flüchtlinge Mobiliar auf, unterstützen in der Registratur und packen überall dort an, wo Not am Mann ist.

Seesoldaten stellen für diese Vorhaben durchgängig Trupps für den Einsatz in Schleswig-Holstein. Auch Bordeinsatzkräfte sind Teil dieses Engagements und begegnen so den Geretteten unter gänzlich anderen Umständen wieder: Im Alltag, während des täglichen Dienstes, dort, wo sie zuhause sind. Hinzu kommt das hohe Interesse der Medien. Viel wird über diesen Aspekt des Einsatzes und diese gänzlich neue Facette dieser Mission, die auch in der Heimat nicht endet, in der Bordeinsatzkompanie wie auch mit den Angehörigen und Freunden gesprochen. Die Soldaten sehen die Krise mit anderen Augen als ihre Freunde im privaten Umfeld. Sie haben das Leid vor Ort erlebt und kennen nicht nur die Bilder im Fernsehen. Aus dem medialen Interesse und der Wahrnehmung im persönlichen Umfeld erwachsen vielerlei positive wie auch hinterfragende Gedanken. Die positive

Wahrnehmung der Bundeswehr im Allgemeinen und des einzelnen Soldaten im Speziellen führt zu einem Gefühl der Wertschätzung und der Dienstfreude. Zeitgleich fällt es schwerer, die Erlebnisse des Einsatzes hinter sich zu lassen und zuhause „anzukommen". Diese gedankliche und emotionale Auseinandersetzung prägt die Persönlichkeitsentwicklung. Auf welche Weise und in welchem Umfang, das wird die Zukunft zeigen.

Artur Schwitalla

Was Naturkatastrophen sind

Das Provincial Reconstruction Team (PRT), welches ich im Jahre 2007 führte, sollte in Badakhshan, im Nordosten Afghanistans, Wiederaufbauhilfe leisten. Konkret ging es darum, der dortigen Provinzregierung zu helfen, staatliche Strukturen aufzubauen. Diese sollten unter anderem dazu dienen, die Sicherheitsvorsorge für die Bevölkerung zu gewährleisten. Dazu gehörte in dieser von Naturgewalten heimgesuchten Provinz auch die Katastrophenhilfe. Obwohl jeder Badakhshani und besonders die offiziellen Amtsinhaber genau wussten, dass Erdrutsche, Schlammlawinen, Erdbeben und Überflutungen fast jährlich über sie hereinbrechen, gab es de facto keine Katastrophenschutzplanung, geschweige denn irgendeine wie auch immer organisierte Art der Vorsorge.

Erneut bestätigte sich, dass in Afghanistan der Staat für so gut wie gar nichts zuständig ist. Alles wird durch die Familie oder den Clan geregelt. Und der Planungshorizont einer afghanischen Familie ist nun einmal der nächste Tag. So sehr bestimmt der nackte Überlebenskampf deren Alltag.

In Deutschland lernen wir aus Erfahrungen. Bei Elbe-Hochwasser wissen wir, wo Deiche verstärkt werden müssen, um eine Katastrophe zu verhindern. Das ist in Badakhshan ganz anders – obwohl die Naturkatastrophen hier mit großer Regelmäßigkeit über die Menschen hereinbrechen und viele von ihnen töten. Deshalb ist die fehlende Vorsorge für die Bevölkerung so dramatisch.

Ein Beispiel soll die Unterschiedlichkeit der Sichtweisen und Bewertungen zwischen Deutschland und Afghanistan veranschaulichen: Beim Elbe-Hochwasser im August 2002 starben vier Menschen auf deutschem Boden, aber es entstand ein volkswirtschaftlicher Gesamtschaden von 15 Milliarden Euro. Statistisch umgerechnet sind das 0,0000025 Prozent Tote an der Gesamtbevölkerung, aber doch immerhin 4 Prozent Schaden am Bundeshaushalt des Jahres 2002. So rechnet und bewertet eine Industrienation.

Die Naturkatastrophen in Badakhshan (so groß wie Niedersachsen mit einer Bevölkerung von ca. 1 Mio. Menschen) allein in den Monaten April und Mai 2007 forderten 207 Menschenleben bei einem Gesamtschaden von etwa 100.000 Euro. Statistisch umgerechnet sind das 0,02 Prozent Tote an der Gesamtbevölkerung. Ein volkswirtschaftlicher Schaden entstand nicht, da die Internationale Gemeinschaft alle Zerstörungen durch Hilfeleistungen innerhalb weniger Wochen ausglich.

Die nachfolgenden Beispiele sollen einen Eindruck vermitteln, welche Bedeutung der Mensch, der ja eigentlich Mittelpunkt jeden staatlichen Handelns sein sollte, hier bei Naturkatastrophen hat.

Am 28. März gegen neun Uhr erreichten uns über eine nichtstaatliche Hilfsorganisation mit christlichem Hintergrund erste Informationen, die auf einen Lawinenabgang in den Bergen achtzig Kilometer nördlich von Feyzabad in der Nähe von Ragh hinwiesen. Weitere Angaben fehlten zunächst. In Ragh lebten damals etwa 35.000 Menschen. Dieser im Nordwesten der Provinz gelegene Distrikt war aufgrund seiner geografischen Gegebenheiten schon unter normalen Umständen kaum erreichbar und für uns eigentlich ein ‚schwarzes Loch‘. Der Gouverneur bestätigte ausdrücklich, dass er alles mit eigenen Kräften schaffen würde. Am Folgetag hatte ich die Möglichkeit, mit einem Hubschrauber einen kurzen Erkundungsflug in das betroffene Tal durchzuführen. Die Lawine war auf über dreitausend Metern Höhe abgegangen und hatte ein sechshundert Meter tiefer gelegenes Dorf fast völlig zerstört. Der einzige Landweg dorthin war mit einer Steinlawine zwanzig Kilometer südlich auf einer Länge von etwa zwei Kilometern verschüttet. Dies konnte ich aus meinem Hubschrauber heraus deutlich erkennen. Es war mir deshalb äußerst rätselhaft, wie der Gouverneur zu der Bewertung kommen konnte, er könne diese Notlage allein beheben. Eine Freilegung des verschütteten Landweges wurde von meinen Bauingenieuren auf mindestens zwei Wochen geschätzt. Vom Krisenstab des Gouverneurs wurden wir dann auch nachmittags offiziell um Katastrophenhilfe gebeten. Vierunddreißig Tote, achtundzwanzig Vermisste, einhundertfünfunddreißig Verletzte, davon einige Schwerverletzte, und über fünfzig eingestürzte Häuser waren die traurige Bilanz dieser Naturkatastrophe.

Mehrere zivile Hilfsorganisationen wie die MedAir, das World Food Program und das Deutsche Rote Kreuz unterstützten die afghanische Bevölkerung mit Lebensmitteln wie Reis, Pflanzenöl, Schwarzbrot und Elektrolytgetränken. Wir als Wiederaufbauteam stellten dreihundert Decken, Medikamente, Trinkwasser und Verbandmaterial sowie medizinisches Gerät zum Schienen von Knochenbrüchen zur Verfügung. Insgesamt kamen knapp drei Tonnen Hilfsgüter zusammen, die über unseren Luftumschlagzug verpackt wurden. Wir gingen davon aus, dass die angeforderten deutschen Transporthubschrauber pünktlich verfügbar sein würden. Leider kamen sie nicht. Das Wetter würde erst wieder in drei Tagen einen Flug in das Katastrophengebiet erlauben. Damit musste ich unsere Unterstützung zunächst absagen. Umfangreiche Hilfsgüter standen im Feldlager, und dreiundzwanzig Flugminuten nördlich von uns kämpften Menschen um das nackte Überleben.

Ich legte mich aus Unverständnis darüber, dass die Hubschrauber wegen des Wetters nicht fliegen durften, mit meinem Vorgesetzten an. Er wies mich recht deutlich zurecht. Wir entschlossen uns danach zu einer ungewöhnlichen Maßnahme. Ich fragte den Gouverneur, ob er in der Lage wäre, uns einen wie auch immer gecharterten Hubschrauber zu besorgen, um die Hilfsgüter in das Katastrophengebiet zu transportieren. Die entsprechende Kostenübernahme für Anmietung und Flugbenzin sagte ich ihm zu. Es beschämte mich als Staatsbürger einer technisch hochentwickelten Nation, als der Gouverneur mir diesen Hubschrauber kurzer Hand zusagte und dieser sechs Stunden später auf dem Flughafen in Feyzabad auch tatsächlich landete. Ganz Afghanistan besaß zur damaligen Zeit nur fünfzehn flugfähige Hubschrauber in eigener, nationaler Verfügungsgewalt.

Den technischen Zustand solcher Fluggeräte sollte man allerdings nicht nach unseren westlichen Standards messen. Diese MI-8 war mindestens vierzig Jahre alt und hatte definitiv in den letzten zwanzig Jahren keine technische Prüfung oder irgendeinen dem TÜV vergleichbaren Test absolvieren müssen. Die MI-8, auch HIP genannt, ist ein Mehrzweckhubschrauber, der seit 1967 vorrangig in den russisch dominierten oder belieferten Staaten seinen Dienst versah und je nach Ausrüstungsvariante bis zu fünf Tonnen Zuladung aufnehmen konnte.

Der Pilot, ein kleinwüchsiger Afghane, stieg aus. Ich wollte höflich salutieren, denn die Dienstgradabzeichen eines russischen Generals zierten seine Uniformjacke. Er hatte diese Jacke allerdings im Krieg gegen die Russen erbeutet – und damit wusste ich ungefähr, wie alt der Hubschrauber war und welche technischen Wartungen in der Zwischenzeit an ihm durchgeführt worden waren. Auf der Ladefläche befand sich ein stinkender, kontinuierlich vor sich hin tropfender Zusatztank, um „die Reichweite zu erhöhen". Tatsächlich war er nachträglich eingerüstet worden, um mein großzügiges Angebot, die Kosten für das Flugbenzin zu übernehmen, maximal auszunutzen.

Denn für den anstehenden 23-Minuten-Flug hätte der normale Tank mehr als ausgereicht.

Wir mussten den Hubschrauber per Hand beladen, denn genormte Feldumschlaggeräte haben hier keine Chance. Ein deutscher Pilot hätte nun jedes Kilogramm der Ladung exakt berechnen, den Ladevorgang überprüfen und danach den Hubschrauber austarieren müssen. Unser „afghanischer General" war dagegen deutlich unkomplizierter. Wir luden, bis wirklich nichts mehr in diesen Hubschrauber hineinpasste. Als sich die Ladeluke abschließend nicht reibungslos schließen ließ, half zunächst ein kräftiger Tritt gegen das Schloss. Danach wurde die Ladeluke mit dem Schnürsenkel aus dem rechten Stiefel des „Generals" provisorisch verschlossen.

Der Beladevorgang war damit abgeschlossen. Aber wie konnten wir dem Piloten sagen, wo er hinmusste? Und vor allem: Wie konnten wir verhindern, dass Herr „General" mit seinem auf unsere Kosten vollgetankten und mit sehr wertvollen Gütern beladenen Hubschrauber auf Nimmerwiedersehen verschwindet?

Ein Mitarbeiter von MedAir – und ihm sei an dieser Stelle ausdrücklich gedankt – erklärte sich bereit, in diesen Hubschrauber einzusteigen und mitzufliegen. Da der Pilot keine Karte lesen konnte und auch unser Freiwilliger im Orientieren in solch einem Gelände nicht ausgebildet war, musste ich mein privates, mobiles GPS-Navigationssystem opfern. Ich befestigte es mit Klebeband an einer kleinen Außenantenne, gab die Koordinate des Zielortes ein und startete das Navigationsprogramm. Der Pilot folgte immer dem Pfeil des GPS und konnte so bis auf eine Abweichung von zweihundert Metern den zerstörten Ort finden und die Hilfsgüter abliefern. Das war alles sehr unorthodox und wenig militärisch präzise, aber das Ziel heiligte in diesem Fall die Mittel. Und so konnten wir der betroffenen Bevölkerung schnell und nachhaltig helfen. Wir bekamen viel Lob für diese Aktion. Und mein privates GPS habe ich auch zurückerhalten.

But shame on you – old Germany! Ich habe mich als Deutscher in diesen Tagen nicht gut gefühlt, wenngleich ich die nationalen Sachzwänge natürlich verstehe. Aber wenn in unserem militärischen Auftrag in einer der letzten Strichaufzählungen steht, dass die Menschen in der örtlichen Bevölkerung unsere Schutzbefohlenen sind, dann muss man in einer solchen Situation auch mal über nationale, bürokratische Hürden springen können.

Nun erzähle ich noch von einem weiteren Katastrophenfall. Infolge schwerer Regenfälle wurde der Highway 302, die Lebensader Badakhshans, am 16. April auf circa einem Kilometer Länge mit einer zwei Meter dicken Schlammlawine verschüttet. Es gab keine Alternativroute mit vergleichbarer Straßenbreite und Tragfähigkeit der Brücken. Der Gouverneur bat uns erneut um Katastrophenhilfe, da die Provinz kein schweres Pioniergerät besaß. Vor der Lawine stauten sich inzwischen die LKW, welche die Provinz mit Lebensmitteln und Frischverpflegung versorgten. Dennoch mussten wir einen ganzen Tag mehr oder weniger ungenutzt verstreichen lassen, weil der zähe Schlamm sich erst setzen und ein wenig austrocknen musste. Die Situation war äußerst angespannt, zumal ein gerade aufgefundenes Massengrab aus den achtziger Jahren die Bevölkerung von Feyzabad sehr erregte. Eine zusätzliche Lebensmittelknappheit wäre jetzt sicherheitsgefährdend gewesen.

Bei einem vergleichbaren Vorgang vor zwei Jahren hatten sich die Preise für Grundnahrungsmittel innerhalb von vier Tagen verdoppelt. Wir beendeten deshalb sofort alle Patrouillen und stellten die Katastrophenhilfe in den Mittelpunkt unserer Aktivitäten. Am Folgetag um drei Uhr startete eine Spezialeinheit mit schwerem Pioniergerät wie beispielsweise Raupen und Radladern, um eine provisorische Umgehungsstraße durch das Schlammfeld zu bauen. Zeitgleich versuchten wir, eine deutlich leistungsschwächere Distriktstraße als Alternative auszubauen. Nach sechs Tagen waren wir erfolgreich. Doch kaum rollte der Verkehr notdürftig wieder, wurden unsere Erfolge am 25. April durch eine erneute Schlammlawine zunichte gemacht. Als Folge davon wurden über vierzig LKW nach vorn und nach hinten von weiteren Schlammlawinen so eingeschlossen, dass sie bewegungsunfähig waren. Die meisten hatten Obst und andere verderbliche Ware geladen und besaßen maximal noch für zwei Tage Treibstoff für ihre Klimaanlagen und Kühlsysteme. Zusammen mit einer eigens angemieteten amerikanischen Straßenbaugesellschaft schafften wir es tatsächlich, den Schlamm rechtzeitig zu räumen, damit der Versorgungsverkehr für die Provinz wieder fließen konnte.

Mitte Mai spielte das Wetter ein weiteres Mal verrückt. Tagsüber verzeichneten wir die ersten Temperaturanstiege auf über vierzig Grad, während es sich nachts bis auf neun Grad abkühlte. Starke Wetterleuchten und Unmengen von Niederschlägen in kürzester Zeit waren die Folge. Besonders vom 15. bis zum 17. Mai gingen starke Regenfälle über Badakhshan nieder. Da alle Berge kahl und von unzähligen Viehherden abgefressen waren, wurde das Erdreich ungebremst durch die Wassermengen fortgespült. Zahlreiche Erdrutsche, Schlammlawinen und Überflutungen waren die Folge. Sechs Distrikte der Provinz waren betroffen, eine Größenordnung, die das PRT mit seinen Mitteln niemals allein bewältigen konnte. Bereits am ersten Tag wurden vierunddreißig Tote, mehrere Hundert Verschollene und über sechshundert zerstörte Häuser gemeldet.

Die Größenordnung der Schlammlawinen überstieg dabei unsere Vorstellungskraft. Mit bis zu zwölf Metern Höhe – das ist die Höhe eines 4-geschossigen Hauses –

verschlangt die braune, zähe Masse unaufhaltsam ganze Dörfer und beendete das Leben dort in Sekunden. Mit Ohnmacht stellten wir fest, wie begrenzt unsere Möglichkeiten waren. Wir konzentrierten uns auf vier Distrikte, während eine angemietete amerikanische Straßenbaugesellschaft sich um zwei weitere kümmerte. Die Mietkosten von über dreißigtausend US-Dollar übernahm innerhalb von zwei Stunden das Auswärtige Amt. Außerdem unterstützten uns die knapp dreihundert Männer einer afghanischen Drogenvernichtungseinheit. Diese war eigentlich zu uns gekommen, um den illegalen Mohnanbau in der Provinz Badakhshan zu unterbinden.

Ohne diese internationale Hilfe wäre die Provinz ohnmächtig den Naturgewalten ausgeliefert gewesen. Die Regierung hätte nicht einmal Zugriff auf einen einzigen Bagger gehabt. Die Afghanen gruben so wochenlang mit Schaufeln oder mit bloßen Händen, um die Toten aus dem Schlamm herauszubekommen. Denn nach islamischem Glauben müssen Tote unbedingt in heimischer Erde ordentlich bestattet werden. Und das so schnell wie möglich. Deshalb finanzierte eine zivile Hilfsorganisation das Programm „Cash for Work". Für acht US-Dollar am Tag wurden mehr als eintausend Afghanen eingestellt. Deren Aufgabe war es, die Leichen aus ihren verschütteten Dörfern auszugraben, um anschließend mit dem Geld das kaufen zu können, was sie durch die Schlammlawine verloren hatten.

Bis zum 22. Mai spitzte sich die Lage zu. Inzwischen waren siebenundsiebzig Menschen tot aufgefunden worden. Knapp dreihundert Menschen galten als verletzt. Insgesamt waren über zweitausend Familien direkt betroffen. Dazu kamen über eintausendfünfhundert zerstörte Häuser, ebenso viel Hektar an vernichtetem Land und über eintausend Stück verendetes Nutzvieh. In Varduj war die Straße auf circa zwanzig Kilometern beschädigt, blockiert oder weggespült. Es war die einzige Straße, über die man die südöstlichen Distrikte Eshkeshem, Zibak und Wakhan in dieser hochalpinen Gegend erreichen konnte. Etwa sechzigtausend Menschen waren damit über den Landweg nicht zu erreichen. Außerdem waren diese Distrikte nach allen Seiten von vier- bis fünftausend Meter hohen Bergen umgeben, die zu dieser Jahreszeit noch mit über zwei Metern Schnee bedeckt und damit ebenfalls unpassierbar waren. Meine Hubschrauberanforderung an das deutsche Lufttransportkommando wurde mit dem Hinweis auf nicht mehr ausreichend vorhandene Flugstunden abgelehnt. Na Klasse! Auf eine derartige Wucht der Naturgewalten war die Provinz Badakhshan nicht vorbereitet. Der Gouverneur weilte seit zwei Wochen nicht vor Ort, und sein Stellvertreter kümmerte sich nur sehr wenig um diese Notsituation. Nach seinem Verständnis gehörten solche Katastrophen zum natürlichen Lebensrisiko des einfachen Afghanen. Und so bat er uns kurz und bündig darum, diese Notlage zu übernehmen, andernfalls sollte sich die Bevölkerung selbst helfen. Katastrophenmanagement auf afghanisch!

Die internationalen Hilfsorganisationen waren grundsätzlich zur Hilfe bereit. Sie erwarteten jedoch von der Provinzregierung Informationen und klare Vorgaben, in welcher Priorität welche Güter wo benötigt wurden, um diese effizient zu verwenden. Zudem versuchten unter dem Tarnmäntelchen einer Naturkatastrophe auch nicht betroffene Dörfer, Hilfsgüter für sich abzustauben.

Nach vier Tagen genehmigte man uns endlich den dringend benötigten Erkundungsflug. Zweieinhalb Flugstunden flogen wir über Baharak, Shuhada, Jurm und Varduj. Wir wollten hauptsächlich hinter die durch Lawinen verschütteten Gegenden schauen und sehen, wie es der dortigen Bevölkerung geht. Weiterhin überprüften wir uns bereits bekannte Hubschrauberlandeplätze, ob sie eben-

46

falls verschüttet oder durch angespülte russische Minen unbrauchbar geworden waren. Denn ohne eigene Soldaten am Boden, welche die Sicherung übernommen und die Minenfreiheit bestätigt hatten, landete kein deutscher Hubschrauber auf afghanischem Boden. Das ist eine unumgängliche Sicherheitsbestimmung, eine conditio sine qua non.

Unsere Landeplätze waren, so stellten wir zum Glück fest, nicht von den Lawinen betroffen. Aber über diese umfangreichen Zerstörungen zu fliegen und zu wissen, dass sich das Buch des Lebens für so manchen Afghanen in Sekunden geschlossen hatte, andere nicht wussten, ob und wie sie den nächsten Tag überlebten oder wie es überhaupt weitergehen sollte – das ist schon heftig!

Und trotzdem überflogen wir hunderte von Menschen, die uns, auf der Ladeluke des offenen Hubschraubers sitzend, beim Überflug zuwinkten. Sie hatten fast alle eine Schaufel in der Hand oder schoben eine Karre, bereit, sich selbst in dieser Katastrophe zu helfen. Aber mit ihrem Winken signalisierten sie auch ihre Erwartungen an die Internationale Gemeinschaft und vor allem an mein Wiederaufbauteam. Wir waren ihre einzige Hoffnung auf Hilfe. Die Provinzregierung hatte diese Menschen schon vor Tagen im Stich gelassen. Das wussten die Menschen, da sie Vergleichbares aus den Vorjahren kannten.

Während des Fluges ließen wir ein GPS parallel zu unserer Videokamera laufen. Bei beiden hatten wir zuvor die Uhren synchronisiert. Mit dem aufgezeichneten Track des GPS konnten wir später minutengenau alle Filmsequenzen auswerten und exakt jede Aufnahme einer genauen Koordinate zuweisen. Die bislang nur vermuteten Zerstörungen bestätigten sich Gott sei Dank nicht in jedem Detail. Zwei Distrikte waren frei oder schlossen gerade die Hilfsarbeiten ab, sodass dort von unserer Seite kein Unterstützungsbedarf mehr bestand.

Auf der Straße von Baharak nach Shuhada sahen wir Hunderte von Menschen, die arbeiteten, um eine Gerölllawine, welche die zentrale Straße blockierte, zu entfernen. Sie gehörten zu unserem Programm „Food for Work", bei dem wir fünfhundert Afghanen eingestellt hatten, die dafür als Gegenleistung Lebensmittel erhielten. Gott sei Dank bedurften nur weniger als einhundert Familien an abgelegenen Orten jenseits der Straßenblockaden einer Versorgung mit lebensnotwendigen Hilfsmitteln. Für jede Familie wurden drei Decken, sechs Kilo Reis, zwei Kilo Trockenfleisch, ein Liter Speiseöl und zehn Liter Trinkwasser eingeplant. Das waren grob geschätzt fünfundzwanzig Kilo pro Familie, also zwei Tonnen, die wir in den nächsten Tagen in die Katastrophenregion bewegen mussten.

II   Von der Last der Verantwortung

Jared Sembritzki

Über Führungsverantwortung

Das Wochenmagazin „Der Spiegel" schrieb im Oktober 2010 über die schwersten Gefechte, die deutsche Soldaten seit dem II. Weltkrieg erlebt hatten. Gemeint waren damit die Einsätze deutscher Soldaten in der Nähe der beiden nordafghanischen Städte Pol-e Khomri und Baghlan. Während das ca. 60 km nördlich gelegene Kunduz bereits 2009 in Deutschland traurige Berühmtheit erlangt hatte und die Kameraden dort seit geraumer Zeit ebenfalls in schwere Gefechte verwickelt waren, machte meine Quick Reaction Force 5 (schnelle Eingreiftruppe – QRF 5) ganz besondere Erfahrungen: Erstmals hatte ein Gefechtsverband der Bundeswehr den Auftrag erhalten, geschlossen über mehrere Monate und durchgehend außerhalb eines Feldlagers einen Kampfeinsatz durchzuführen. Das Gebirgsjägerbataillon 231 aus Bad Reichenhall bildete den Kern dieser Kräfte des Regionalkommandos Nord in Afghanistan von April bis Oktober 2010.

Vorbereitung auf den Einsatz

Der letzte Einsatz des Bataillons im Kosovo lag bei meiner Kommandoübernahme im Herbst 2009 noch kein Jahr zurück. Es war uns allen klar, dass sich diese beiden Aufträge erheblich voneinander unterscheiden würden. Der Kern der schnellen Eingreiftruppe für Afghanistan bestand aus den Mannschaftssoldaten und Unteroffizieren, die bereits im Kosovo gemeinsam eingesetzt waren. Dagegen waren mein Stellvertreter und ich sowie die Kompaniechefs neu zuversetzt worden. Insgesamt bestand die zentrale Herausforderung in den verbleibenden fünf Monaten bis zum Einsatzbeginn darin, den Verband – für Stabilisierungsoperationen ausgebildet – nun unter neuer Führung für einen anderen Einsatz gefechtstauglich zu machen. Die notwendige Ausbildung der Führer auf Teileinheits- wie Einheitsebene konnte erst auf mehreren Truppenübungsplätzen, im Übungszentrum Infanterie und im Gefechtsübungszentrum des Heeres abgeschlossen werden.

Diese hohe zeitliche Beanspruchung in der Vorbereitung führte anfangs zu Diskussionen, insbesondere mit meinen Kompaniefeldwebeln, die – völlig zu Recht – auf die bekannte und nachvollziehbare Argumentation vom „Einsatz vor dem Einsatz" hinauslief. Zahlreiche Gespräche waren erforderlich, um einigermaßen Akzeptanz zu erzielen. Im Nachhinein waren alle Betroffenen, im Übrigen auch deren Familien, überzeugt, dass die fordernde und zeitintensive Ausbildung den Zusammenhalt des Verbandes und die soldatisch-handwerklichen Fähigkeiten optimierte. Das Vertrauen in die eigene Leistungsfähigkeit, in die Kameraden, die Vorgesetzten, in Waffen, Material und Fahrzeuge ist ein wesentlicher Schlüssel für die eigene Einsatzfähigkeit. Nur so können die extremen Entbehrungen des Einsatzes getragen werden, nur so können wir Gefechte erfolgreich bestehen. Stellvertretend dafür kann die Aussage eines Maschinengewehrschützen stehen, der nach einem Gefecht lapidar feststellte, er habe sich automatisch so verhalten wie in der Ausbildung, und das habe bestens geklappt. Jede Diskussion, ob Drill noch zeitgemäß sei, verbietet sich daher von selbst.

Dennoch blieben auch Lücken, die erst im Einsatz geschlossen werden konnten. So wurde uns ein US-amerikanischer Oberleutnant für einige Wochen unterstellt, um uns in der Anwendung der NATO-Kommunikationssysteme zu unterstützen. Das stellte sich als Glücksfall heraus. Bei einem der späteren, schwereren Gefechte war jener Offizier der Pilot eines Apache-Kampfhubschraubers, der uns direkt unterstützte.

In der Ausbildung wie auch im Einsatz darf vor personellen Konsequenzen, die immer die Gefahr in sich bergen, Beschwerden, Eingaben und Klagen auszulösen, nicht zurückgeschreckt werden. In der abschließenden Übung im Gefechtsübungszentrum sah sich einer meiner Kompaniechefs gezwungen, die Ablösung seines Stellvertreters bei mir zu beantragen, da dieser sich wiederholt nicht ausreichend seiner Verantwortung gestellt hatte. Im Einsatz bat ein Stabsfeldwebel noch vor dem ersten Verlassen des Feldlagers in Mazar-e Sharif um seine Repatriierung, da er große Angst hatte. Trotz meiner Ermutigungen konnte er seine Angst nicht überwinden. Er zeigte nicht die notwendige Leistungsfähigkeit und wurde nach drei Monaten aus dem Einsatz abgelöst. Es bleibt daher die unteilbare Verantwortung aller Führer und Vorgesetzten, eigenes Führungspersonal bestmöglich kennenzulernen und ihnen auch die Möglichkeit zum Führen und Lernen zu geben. Ungeachtet dessen sind Konsequenzen zu ziehen, wenn vorher durchaus bewährte Soldaten im Kampfeinsatz nicht bestehen oder massive Zweifel daran angebracht sind.

Im Einsatz

Mein Gefechtsverband übernahm im April 2010 zwei Einsatzräume: Die 3. Kompanie war zunächst weiter im Provincial Reconstruction Team (Wiederaufbauteam) in Kunduz eingesetzt, die 2. Kompanie übernahm einen Auftrag im Raum Pol-e Khomri/Baghlan, bei dem wenige Tage zuvor mehrere deutsche Kameraden gefallen waren. Während die Lage in Baghlan aufgrund der erzielten Gefechtserfolge und der anschließend hohen Präsenz unserer sowie afghanischer Kräfte zunächst vergleichsweise ruhig blieb, sahen sich meine Soldaten in Kunduz unverändert unter Druck. Als ich das erste Mal dort eintraf und gerade aus dem Transportflugzeug stieg, stand die Kompanie erstmals seit Stunden im Gefecht. Ich konnte nur passiv am Funk mitverfolgen, wie sich meine Gebirgsjäger gemeinsam mit den Fallschirmjägern des Provincial Reconstruction Teams gegen den Feind durchsetzten. Alle kehrten im Wesentlichen unversehrt ins Lager zurück. Neben der Erleichterung war den Männern und Frauen der berechtigte Stolz anzumerken, sich im ersten Gefecht bewährt zu haben. Die in der zeitintensiven und harten Ausbildung zusammengeschweißte Truppe hatte ihre Feuertaufe bestanden. Ganz sicher trug dies dazu bei, dass spätere Gefechte im gegenseitigen Vertrauen aufeinander erfolgreich bestanden wurden.

Wichtig für das Bestehen im Einsatz und ganz besonders im Gefecht waren die frühzeitig zusammen mit uns ausgebildeten Kameraden des Sanitätsdienstes. Bereits während des ersten gemeinsamen Übungsplatzaufenthaltes war ich erstaunt, wie professionell diese auch im Umgang mit der persönlichen Ausrüstung und im taktischen Verhalten handelten. Sie teilten alle Belastungen und Aufgaben mit der Truppe und sorgten dafür, dass meine Soldaten in dem sicheren Bewusstsein in die Gefechte gingen, dass eine bestmögliche Erstversorgung vor Ort sichergestellt würde. Insbesondere die weiblichen Soldaten gingen mit den im Grunde nicht vorhandenen getrennten Bereichen für Unterkunft und Hygiene genauso professionell um wie alle anderen. Dies klingt selbstverständlich, ist es aber nicht. Nur kurzzeitig bei uns eingesetztes weibliches Unterstützungspersonal reagierte eher irritiert, wenn der S3-Feldwebel auf die Frage nach der Unterkunft für Frauen antwortete, diese gäbe es nur, wenn sie ein eigenes Zelt mitgebracht hätten.

Der zum Kontingent in Masar-e Sharif gehörende

Militärpfarrer war bereits frühzeitig eingetroffen und blieb recht lange bei uns auf unserem Observation Point (OP) North. Er war eine große Hilfe. Improvisierte Feldgottesdienste, Einzelgespräche, aber auch seine frühere Ausbildung zum Fernsehtechniker halfen uns. Auch dank ihm war es möglich, eine auf dem Basar erstandene Satellitenschüssel pakistanischer Herkunft zur Fußball-WM in Betrieb zu nehmen.

Auftragstaktik und Führen von vorn

„Der militärische Führer unterrichtet über seine Absicht, setzt klare und erreichbare Ziele. Unterstellten Führern gewährt er Freiheit bei der Durchführung des Auftrags. Führen mit Auftrag verlangt … neben gewissenhafter Pflichterfüllung und dem Willen, befohlene Ziele zu erreichen, die Bereitschaft zur Übernahme von Verantwortung und zu selbständigem, schöpferischem Handeln."

„Die Führungsverantwortung des militärischen Führers ist unteilbar. Soldaten wollen ihren militärischen Führer sehen, hören und erleben … Die Truppe muss davon überzeugt sein, dass er bereit und in der Lage ist, Gefahren mit ihr zu teilen." (Grundsätze der Truppenführung)

Einer unserer Aufträge war es, den Raum Baghlan–Pol-e Khomri einschließlich der zentralen Flussübergänge und der beiden beherrschenden Hauptverbindungsstraßen zu halten. Im Rahmen einer militärischen Operation sollten weitere Geländeabschnitte genommen und gehalten werden. Letztlich war das geplante Einsatzgebiet fast 500 Quadratkilometer groß. In weiten Bereichen war es unter feindlicher Kontrolle und nur schwer zugänglich. Zusätzliche Kräfte standen allerdings nicht zur Verfügung. Ich erhielt daraufhin einen Anruf meines Kommandeurs, Generalmajor Fritz, der mich fragte, was ich von diesem Plan hielte. Aus meiner Sicht war es schlicht abwegig, diesen mit den vorhandenen Kräften umzusetzen. Offensichtlich hatte auch General Fritz Bedenken. Der Operationsplan wurde danach angepasst. Er sah nunmehr vor, das Gebiet in unmittelbarer Nähe des OP North zu nehmen, von wo aus wir mehrfach mit Raketen und Mörsern beschossen worden waren. Unsere elektronische Aufklärung verzeichnete hier regen und monatelang anhaltenden gegnerischen Funkverkehr. Afghanische Sicherheitskräfte mieden diesen Bereich, was immer ein klares Indiz für eine brisante Lage war.

Ich befahl die notwendigen Vorbereitungen und Planungen. Meine Absicht war es, den Feind im Osten mit einer Kompanie zu binden, um von Norden mit einer weiteren Kompanie schnell ins Angriffsziel vorzustoßen. Während einer durch einen Kompaniechef geführten Erkundung blieb ein Gefechtsfahrzeug vom Typ DINGO im Fluss stecken. Es kam zu einem schweren, stundenlangen Gefecht. Letztlich wurde das Fahrzeug zur Zerstörung freigegeben, um dem Feind keine Gelegenheit zu geben, Bilder davon für seine Propaganda zu verwenden. Verhindert wurde damit allerdings auch der für diesen Tag geplante erstmalige Besuch des damaligen Verteidigungsministers zu Gutenberg, der, obwohl bereits im Anflug auf den OP North, aufgrund der Gefechtssituation wieder umdrehen musste. Drei der dort kämpfenden Soldaten wurden später mit dem Ehrenkreuz der Bundeswehr für Tapferkeit ausgezeichnet.

Die eigentliche Operation sollte nach 72 Stunden beendet sein. Die eingenommenen Bereiche sollten an reintegrierte Sicherheitskräfte des „Afghan Peace and Reconciliation Program" (APRP) übergeben werden. Dabei handelte es sich zumeist um Afghanen, die einige Monate zuvor noch gegen die Regierung und uns gekämpft hatten. Aufgrund afghanischer Vorbehalte trafen Teile dieser reintegrierten Kräfte erst fast zwei Wochen später im

Raum ein. Trotz durchgehender massiver und persönlicher Unterstützung durch die gesamte Führungsspitze im Regionalkommando Nord war eine frühere Ablösung meiner Truppe nicht möglich. Meine Soldaten konnten nicht in den OP North zurückzukehren, da sonst der gesamte Angriff hätte erneut durchgeführt werden müssen. Selbst wenn es zu diesem Zeitpunkt kaum Gefechte gab, war die Belastung, mit noch weniger Kräften als ohnehin schon auskommen zu müssen und fast ausschließlich Sicherung oder Patrouillen zum Offenhalten der Anschlusswege durchführen zu müssen, extrem hoch. Hier hatte ich das erste und einzige Mal das Gefühl, dass Teile der Truppe vor dem Aufgeben waren. Zum Glück kam es nicht dazu.

Führen mit Auftrag bleibt der zentrale Führungsgrundsatz, auch oder gerade in Gefechts- und Krisensituationen. Grenzen sind festzulegen und zu überwachen, aber der Freiraum für den Führer ist der wesentliche Faktor; Risiken in der Auftragsdurchführung sind in Kauf zu nehmen. Der gelegentlich bereits im Ausbildungs- und Grundbetrieb festzustellenden Tendenz der Verantwortungsdiffusion und Absicherung sowie einer falschen Prioritätensetzung in der Auftragserfüllung muss bereits hier entgegengewirkt werden. Alle Soldaten und Vorgesetzten müssen darauf vertrauen, dass gerade in Gefechtssituationen und Konflikten dieses Prinzip unverändert Gültigkeit hat. Eine Auflagenerfüllung kann nicht den Vorrang vor der Auftragserfüllung haben. Die Verantwortung für mögliche Fehlschläge ist danach allerdings ebenfalls zu tragen.

Alle Vorgesetzten und Führer der schnellen Eingreiftruppe waren, wann immer möglich, an der Spitze und in den Gefechten dabei. Dies hat nicht nur äußere Wirkung, sondern ist auch für den Führer selbst wichtig. Das gemeinsame Erleben dessen, was die eigene Truppe zu bestehen und zu ertragen hat, ermöglicht das notwendige Gespür für die Machbarkeit des Befohlenen. Von vorne zu führen ist eine wesentliche Maxime des Erfolges.

Die Grundsätze unserer Truppenführung haben sich im Gefecht, aber auch darüber hinaus bewährt. Die Technisierung des Lebens wie der Einsatzrealität darf nicht dazu führen, dass beim persönlichen Handeln und der Übernahme von Verantwortung Abstriche gemacht werden. Der mündliche Befehl ist nicht ersetzbar und überzeugtes, durchgehendes Führen von vorn ist unverzichtbare Grundlage erfolgreicher Durchsetzung im Gefecht und adäquater Auftragserfüllung.

Rainer Buske

Der schlimmste Tag meines Lebens

Der 20. Oktober 2008 wird für mich immer der schlimmste und schwerste Tag meines Lebens bleiben. An diesem Tag starben zwei deutsche Soldaten und fünf afghanische Kinder bei einer Operation, die ich geplant, befohlen und durchgeführt hatte.

Wie führten diese Operation in der Ortschaft Hadschi Ammanullah durch, die im Problemdistrikt Charrah Darrek liegt. Die Ortschaft war uns als Taliban-Hochburg und Versteck für Waffenlager bekannt. Von dort erfolgten so gut wie alle Anschläge auf das Feldlager Kunduz und meine Soldaten. Immer wieder schossen Taliban von den Ortsrändern aus Raketen auf unser Feldlager ab. Informanten wiesen uns auf Taliban-Gruppierungen hin, die sich in dem Dorf trafen oder von dort aus operierten. Mir war klar, dass die Operation gefährlich werden würde, aber wenn wir denn unseren Auftrag ernst nahmen, dann konnten und durften wir vor diesem Risiko nicht zurückschrecken. Zudem wollte ich ein Zeichen setzen. Meine Absicht war es, mit den örtlichen Führern ins Gespräch zu kommen und auszuloten, inwieweit man sich auf Maßnahmen zur Verbesserung der allgemeinen Lage einigen konnte. Besondere Sorge bereitete mir der langwierige Anmarsch. Dieser war nur über eine einzige Verbindungsstraße möglich. Im Zuge dieser Straße konnten wir sehr leicht angegriffen werden. Das wussten wir, und daher entschloss ich mich, mitten in der Nacht anzumarschieren, um überraschend für die Bevölkerung und den Gegner mit dem ersten Büchsenlicht vor Ort zu sein.

Die Operation hatten wir zusammen mit der afghanischen Armee und der afghanischen Polizei geplant. Um drei Uhr morgens fuhren wir los. Mein Stellvertreter befand sich mit der beweglichen Befehlsstelle am Kunduz-Fluss und diente als Relais zum Gefechtsstand im Feldlager. Ich selbst fuhr mit den Hauptkräften direkt nach Hadschi Ammanullah. Um 05:00 Uhr hatten wir den Ort umstellt und komplett mit Checkpoints abgeriegelt. Für die Dauer der Operation sollte kein Mensch in den Ort hinein- oder herauskommen. Ich fuhr mit dem Chef der afghanischen Kompanie, die uns begleitete, zum Bürgermeister des Ortes und bat um ein Gespräch. Dieser zögerte lange, willigte dann aber doch ein. In seinem Haus erklärte ich ihm den Zweck der militärischen Operation. Dabei verwies ich auch auf die Raketenangriffe auf unser Feldlager. Der Bürgermeister verneinte rundweg, dass jemals Raketen aus seinem Dorf abgeschossen worden waren. Er wusste, dass ich wusste, dass er log.

Dann erzählte ich ihm von einem tödlichen, wenige Wochen zuvor erfolgten Vorfall. Kinder seines Ortes hatten Vieh auf eine Weide getrieben und dabei versehentlich eine Sprengfalle ausgelöst, die uns gegolten hatte. Dabei starben zwei Kinder. Erneut beteuerte der Bürgermeister, dass es keine Taliban in dieser Gegend gab und deshalb auch keine Sprengfallen. Schon gar nicht wüsste er, ob und wo Taliban Sprengstoff oder Waffen deponiert hätten. Stattdessen riet er mir, zum Islam überzutreten; dann würden alle Anschläge schlagartig aufhören.

In diesem Augenblick kam einer meiner Soldaten aufgeregt in das Haus des Bürgermeisters und verlangte, mich sofort zu sprechen. Ich ging raus, und mein Soldat meldete mir, dass drei mit elektrischen Zündern versehene Artilleriesprengköpfe gefunden worden waren. Sie sollten sicherlich als tödliche Sprengfalle gegen uns dienen. Wutentbrannt ging ich auf den Bürgermeister zu und berichtete ihm von dem Fund. Er lächelte nur verlegen. Schlussendlich fragte ich ihn, ob denn nicht das Schicksal der Kinder seiner Ortschaft Grund genug wäre, mit diesem

Unsinn aufzuhören. Auch hierauf antwortete er nicht. Ich verließ ihn, um mich mit meinen Soldaten zu besprechen. Wir wussten, dass wir uns schon viel zu lange in diesem Ort aufhielten. Ursprünglich wollten wir gegen 11:00 Uhr abrücken, weil wir fürchteten, Ziel von Gegenmaßnahmen der Taliban zu werden. Nun war es bereits fast 12:00 Uhr. Aber die gefundenen Sprengkörper konnten und wollten wir nicht zurücklassen. Ich entschloss mich daher, diese zu sprengen. Die Zeit verstrich. Schließlich meldeten mir meine Spezialisten über Funk, dass die Sprengung in wenigen Minuten erfolgen würde. Keine zehn Sekunden später hörte ich eine laute Explosion. Es konnte sich nicht um die geplante Sprengung handeln, denn der Explosionsknall kam aus einer anderen Richtung. Schlagartig setzte der Funk ein. Es überschlugen sich die Meldungen. Mein Personenschutzkommando und ich rasten los. Bei einem der Checkpoints hätte es eine Explosion gegeben, hieß es in einer Meldung. Ein Fahrzeug würde brennen, die darin gelagerte Munition ginge hoch. Als ich um die Ecke bog, sah ich eine riesige Rauchwolke am Himmel und hörte immerzu das Knallen hochgehender Patronen. Mein Stellvertreter alarmierte unsere Reserve, zu der ein Beweglicher Arzttrupp gehörte. Ich sah, wie die Fahrzeuge der Reserve auf den Stichweg einbogen, der zur Anschlagsstelle führte. Keine fünf Minuten später traf auch ich dort ein. Mir bot sich ein Bild entsetzlichen Grauens. Links und rechts neben dem Fahrzeug, einem nur leicht geschützten Fahrzeug des Typs Mungo, lagen zwei deutsche Soldaten regungslos auf dem Bauch. Beide brannten. Rechts hinter dem Fahrzeug lagen fünf afghanische Kinder. Alle waren tot. Fallschirmjäger versuchten, im Schutze eines gepanzerten Jeeps sich von vorne kommend an den Mungo heranzuarbeiten. Sie wollten einen der brennenden Kameraden bergen, ohne sich selbst durch herumfliegende Munitionssplitter zu sehr zu gefährden. Sie taten das unter Lebensgefahr und haben dafür später mit Fug und Recht die Tapferkeitsmedaille der Bundeswehr erhalten. Ich konnte beobachten, wie der Leichnam eines der beiden gefallenen Soldaten unter den Jeep hindurch in Deckung gezogen wurde. Die Fallschirmjäger löschten ihren Kameraden und trugen ihn zurück. Ich befahl, den gefallenen Kameraden zu identifizieren und ihn zuzudecken. Der Mungo brannte nunmehr lichterloh. Der zweite gefallene Fallschirmjäger lag noch immer neben dem Führerhaus. Er konnte zunächst nicht geborgen werden.

Was war passiert? Ein afghanischer Mann hatte sich auf einem Fahrrad dem Checkpoint genähert. Dort war der Mungo zur Sicherung eingesetzt. Seine Besatzung bestand aus drei Mann. Stabsunteroffizier Patrick Behlke und Stabsgefreiter Roman Schmidt stiegen aus, um die Person auf dem Fahrrad zu kontrollieren. Auf der Ladefläche des Fahrzeugs stand ein weiterer Fallschirmjäger. Von dort sicherte er seine beiden Kameraden mit einer Granatmaschinenwaffe. Bei einer Personenüberprüfung kommt die Person, die man überprüfen will, sehr dicht an die Soldaten heran. Anders geht es nicht. Genau in diesem Augenblick sprengte sich der Attentäter mit-samt den beiden deutschen Soldaten in die Luft. Zur Verstärkung der Sprengkraft seiner Sprengstoffweste, die er unter seiner Jacke trug, hatte der Attentäter kleine Stahlkugeln darin eingewoben. Diese Stahlkugeln töteten die fünf kleinen Kinder, die an der Seite des Mungos spielten und um Süßigkeiten bettelten. Der Sicherungssoldat an der Granatmaschinenwaffe überlebte nur, weil er seinen Mund nicht geöffnet hatte. Eine Stahlkugel hatte seine Vorderzähne durchschlagen und war auf seiner Zunge zum Liegen gekommen. Bei offenem Mund hätte die Kugel nicht nur seinen Rachen, sondern auch seine Wirbelsäule durchschlagen. Die Wucht der Explosion schleuderte ihn mitsamt seiner Granatmaschinenwaffe rückwärts von der Ladefläche. Die Explosion reichte obendrein aus, die Munition der Granatmaschinenwaffe und mitgeführte Signalmunition zur Detonation zu bringen und den Mungo in Brand zu setzen. Behlke und Schmidt waren sofort tot. Sie haben nichts mehr gespürt und sicherlich nicht gelitten. Was für ein schwacher Trost!

Ich ging weiträumig um den brennenden Mungo herum, um mir auf der rückwärtigen Seite ein Bild von der Lage zu machen. Fallschirmjäger behandelten ein sechstes Kind, das sie schwer verletzt geborgen hatten. Alle schrien wild durcheinander, jede Ordnung ging verloren. Endlich bekam ich Funkkontakt mit meinem Stellvertreter auf der Beweglichen Befehlsstelle. Ich schilderte ihm die Lage und gab die Namen der gefallenen Soldaten durch. Zugleich forderte ich Hubschrauber an, um den verwundeten Soldaten und das schwer verletzte Kind umgehend ins Rettungszentrum in unser Feldlager auszufliegen. Danach lenkte ich mein Augenmerk darauf, weitere Anschläge unter allen Umständen zu verhindern. Nervös und geschockt, wie die Truppe war, hätte sie jeden umgehend erschossen, der auf Warn- und Haltesignale nicht reagierte. Dazu kam es Gott sei Dank nicht.

Mittlerweile waren 45 Minuten vergangen, und der zweite gefallene Soldat lag noch immer brennend neben dem Führerhaus. Er konnte nicht geborgen werden, weil weiterhin Munition hochging. Da platzte mir der Kragen. Ich legte meine Splitterschutzweste wieder an, nahm mir einen Stahlhelm und fragte nach Freiwilligen, die mit mir zusammen den armen Kerl bergen. Frau Oberstabsärztin „Tiffy“ Neumann, zwei Fallschirmjäger und ein weiterer Sanitäter meldeten sich sofort freiwillig. Ein Hauptfeldwebel wollte mich zurückhalten und an meiner Stelle gehen. So nobel und tapfer seine Geste auch war, doch hier war der Kommandeur und sonst niemand gefordert. Dies ist einer der Gründe, warum Kommandeure nach vorne gehören und sich nicht an einen Gefechtsstand binden dürfen. Wäre ich an diesem Tage nicht vorne gewesen, ich hätte das Vertrauen meiner Männer und Frauen in wenigen Sekunden verloren. Ich bin kein Held, aber in derartigen Sekunden denkt man nicht an die eigene Gefährdung, an seine Ehefrau, Verwandte oder Bekannte.

Ich ging los, und zusammen gelang es uns, den gefallenen Kameraden zu bergen. Der Anblick, der sich mir bot, war das Entsetzlichste, was ich je habe ansehen müssen. Manch einer kann danach den Geruch von gegrilltem Fleisch nicht mehr ertragen. Das Bild und das Aussehen des fürchterlich verbrannten Roman Schmidt und das der fünf toten Kinder, die in ihrer hübschen Kleidung auf dem Rücken liegend ihre leblosen Blicke in die Unendlichkeit richteten, werde ich nie los werden.

Als wir unseren Kameraden endlich geborgen hatten, musste ich mich erst einmal sammeln. Ich fing an zu hyperventilieren. Man gab mir ein Zigarillo zu rauchen und Wasser zu trinken. Dann habe ich mir notdürftig die Hände gewaschen. Der Rettungshubschrauber kam, und der verletzte Soldat und das afghanische Mädchen wurden ausgeflogen. Mittlerweile war auch mein Vorgesetzter aus Mazar-e Sharif mit einem Flugzeug in Kunduz gelandet. Über meinen Gefechtsstand nahm er Funkverbindung mit mir auf. Ich meldete ihm die Entwicklung der Lage und teilte ihm meine Absicht mit. Ich wollte bis zuletzt draußen bleiben bei den Soldaten und dafür sorgen, dass wenigstens sie wieder heil ins Lager zurückkehren konnten. Der Rückmarsch musste organisiert werden, was aufgrund der Komplexität der Ereignisse schwer war. Denn aus dem Lager in Kunduz mussten erst noch Bergungsmittel zugeführt werden, um den ausgebrannten Mungo zu bergen. Ich wollte ihn nicht als Siegestrophäe für die Taliban zurücklassen.

Ich schickte daher alles unter der Führung meines Stellvertreters rein, was ich vor Ort nicht mehr unbedingt brauchte. Wie mir Soldaten im Nachhinein immer wieder sagten, waren sie froh und glücklich, dass ich draußen bei ihnen blieb. Sie beobachteten genau und mit feiner Schärfe, ob ich denn noch einen klaren Kopf behielt und meiner Aufgabe gewachsen war. Es war nicht wichtig, was ich am Funk an Befehlen und Maßnahmen von mir gab. Entscheidend war, wie ich es sagte. Je ruhiger und beherrschter ich sprach, desto zuversichtlicher wurden die Soldaten. Die beiden gefallenen Soldaten nahm mein Stellvertreter mit. Sie wurden im Feldlager dem Kompaniefeldwebel der Sanitätseinsatzkompanie übergeben, der die notwendigen Schritte zu deren Einsargung einleitete. Eine Totenwache wurde organisiert.

Derweil zog sich unser Aufenthalt am Anschlagsort in die Länge. Über Telefon nahm ich mit dem afghanischen Gouverneur der Provinz Kunduz Verbindung auf und verlangte die sofortige Festnahme des Bürgermeisters von Hadschi Ammanullah und eines weiteren Rädelsführers, die ich beide für den Anschlag verantwortlich machte. Der Bürgermeister war auf der Flucht, den zweiten Mann konnte man verhaften, um ihn nach drei Tagen „aus Mangel an Beweisen" wieder laufen zu lassen. Die Taliban haben dem Vater der fünf getöteten Kinder für jedes Kind 1.200 US-Dollar bezahlt und die Kinder in den Stand von Märtyrern gehoben. Der Vater hat das Geld dankend angenommen. Für die Rettung und medizinische Versorgung seines sechsten Kindes durch uns hat er sich dagegen nie bedankt. Über die gefallenen deutschen Soldaten, die für sein Land ihr Leben ließen, verschwendete er kein einziges Wort. Das ist Afghanistan!

Schließlich sind wir gegen 20:30 Uhr im Schutz der Dunkelheit ins Feldlager zurückgekehrt. Ich hatte seit drei Uhr morgens nichts mehr gegessen und nur wenig getrunken.

Ich war körperlich und seelisch vollkommen fertig. Als ich im Lager eintraf, stand dort General Weigt, der mich mit Tränen in den Augen stumm in die Arme nahm. Was sollte er auch schon sagen? Er selbst hatte in seiner Dienstzeit derartige Augenblicke leider vielfach durchleben müssen und wusste, wie es in mir aussah. Kein Vorwurf, keine Anschuldigung, nur Trost – er hat sich vorbildlich verhalten.

Dann kam ein Melder vom Gefechtsstand. Ich sollte sofort ans Telefon kommen. Ein Offizier vom Einsatzführungskommando in Potsdam sei am Apparat und verlangte, mich sofort zu sprechen. Der Verteidigungsminister wolle in 20 Minuten eine Presseerklärung abgeben und hätte hierfür noch einige Fragen zum Anschlag. Kaputt und müde schlich ich in den Gefechtsstand. Als ich reinkam, verstummte das allgemeine Gemurmel, das eigentlich immer in einem Gefechtsstand zu hören ist, augenblicklich. Mein Anblick muss fürchterlich gewesen sein. Die Männer hatten alles am Funk mitgehört und standen unter Schock. Ihren Kommandeur seitdem das erste Mal wieder zu sehen und zu hören, in einem derartigen Zustand, trieb dem einen oder anderen Tränen in die Augen.

Am Telefon berichtete ich dem Einsatzführungskommando in knappen Worten, was tatsächlich vorgefallen war. Und schon kamen sie, die Frage und die Suche nach dem Schuldigen. Sofort wurde ich gefragt, warum die gefallenen Soldaten nur mit einem leicht geschützten Transportpanzer Mungo und nicht mit einem schwer gepanzerten Fahrzeug unterwegs gewesen waren. Unausgesprochen lag darin der Vorwurf an mich als gesamtverantwortlichen Führer, durch die Wahl von weniger geeigneten Transportfahrzeugen unmittelbar für den Tod der Kameraden verantwortlich zu sein.

In dem Augenblick habe ich die Beherrschung verloren. Ich brüllte ihn über das Telefon zum Entsetzen meiner

Soldaten mit den Worten „Arschloch, halte Dein Maul" an und legte auf. Das war das Letzte, was ich noch gebrauchen konnte. Patrick Behlke und Roman Schmidt hätten auch in einem 70 Tonnen schweren Kampfpanzer Leopard unterwegs gewesen sein können. Sie wären trotzdem gestorben, weil man nun einmal zur Personenüberprüfung aus seinem Fahrzeug herausmuss. Ich bin mir auch heute noch sicher, dass der Verteidigungsminister diese Frage nie gestellt hatte. Es waren seine Zuarbeiter und Lakaien, die meinten, alles besser zu wissen. Ein Schuldiger musste her, und zwar sofort. Und diesen Schuldigen meldet man umgehend dem Minister, was zwei Vorteile mit sich bringt. Der Minister steht in einem besseren Licht da, wenn er bereits bei seiner Presseerklärung einen Schuldigen präsentieren kann, und der Lakai glänzt und putzt sich vorteilhaft beim Minister heraus. Mein Gott, wie sehr verabscheue ich solche Menschen. General Weigt explodierte förmlich und rief umgehend den Befehlshaber des Einsatzführungskommandos an und beschwerte sich auch in meinem Namen. Doch es half alles nichts. „Das Imperium schlägt zurück", würde General Weigt dazu sagen.

Dann endlich konnte ich aufs Klo gehen. Ich hatte mittlerweile Magenkrämpfe und musste mich fast übergeben. Auch konnte ich mich endlich ein kleinwenig säubern. Beides half enorm, meine Fassung wiederzufinden. General Weigt hatte einen Psychiater aus Masar-e Sharif mitgebracht, der unsere Truppenpsychologin und unseren Militärpfarrer unterstützte. Letzterer bedrängte mich unaufhörlich, meine Ehefrau anzurufen und etwas zu essen. Ich wäre dem armen Kerl beinahe an die Gurgel gegangen. Er sollte mich in Ruhe lassen – basta. Schließlich servierte mir mein Vorzimmerfeldwebel etwas aus der Küche, und so gegen 23:00 Uhr rief ich endlich meine Ehefrau an.

Die wusste längst durch deutsche Medien von dem Anschlag und den Toten in Kunduz. In ihrer Firma hatten sie Mitarbeiter ganz aufgeregt darauf aufmerksam gemacht. Sie ist sofort nach Hause gefahren, schaute sich jede Nachrichtensendung an und wartete, bis ich endlich persönlich anrief. Bei der Schilderung des Erlebten via Telefon an meine Ehefrau brachen bei mir alle Dämme. Ich habe Rotz und Wasser geweint. Mein Vorzimmerfeldwebel kam stumm herein und stellte mir wortlos ein Weizenbier hin. Natürlich bekamen alle mit, dass ich am Ende war. Das Gespräch dauerte sicherlich zwanzig Minuten, aber es half, meine Fassung wieder zu gewinnen. Danach saßen wir noch lange im Kameradenkreis zusammen. General Weigt, mein treuer Stellvertreter Oberstleutnant Reichstein, mein Chef des Stabes, Oberstleutnant Neumann, mein Vorzimmerfeldwebel, Oberstabsfeldwebel Müller, und viele andere. Ich weiß nicht, wie viele Zigarillos ich in diesen Stunden geraucht habe. Es war mir auch vollkommen egal. Ich brauchte das hier und jetzt. Schließlich nahm mich General Weigt zur Seite und bot mir das „Du" an. Mein Gott, was für eine Geste! Er hatte das nicht nötig, aber es kam aus tiefer Überzeugung und war durch und durch ehrlich gemeint. Jürgen Weigt und ich hatten, als wir fast zeitgleich im Sommer 2006 nach Augustdorf kamen, so die eine oder andere Unstimmigkeit ausgefochten. So bitter der 20.10.2008 auch war, aber dieser Tag hat uns endgültig zusammengeschweißt. Ich bin ihm auch heute noch zutiefst dankbar, wie selbstlos und großartig er sich in diesen schweren Stunden verhalten hat. Gleiches gilt für meine Kameraden aller Dienstgradgruppen. Es sind hierdurch Freundschaften entstanden, die bis heute anhalten.

Noch in der Nacht mussten erste Schritte vorgenommen werden, um die Trauerfeier für die gefallenen Soldaten und deren Rückführung nach Hause zu organisieren. Patrick Behlke und Roman Schmidt gehörten der Fallschirmjägerbrigade aus Lembach an. Der nächstgelegene

Flughafen war Saarlouis. Natürlich wollten wir unsere gefallenen Soldaten dorthin überführen. Hier zeigte sich einmal mehr, wie „flexibel" deutsche Behörden sein können. Der Zoll (!) in Saarlouis verweigerte die Landung des Airbus mit dem Hinweis, dass die Beantragung der Landeerlaubnis nicht früh genug eingereicht worden wäre. Wieder explodierte General Weigt und rief ein zweites Mal mitten in der Nacht das Einsatzführungskommando in Potsdam an. Der Airbus landete dann später in Saarlouis, und der Zoll musste Überstunden machen. Als letzte „Amtshandlung" des Tages rief ich dann die Angehörigen von Patrick Behlke und Roman Schmidt persönlich an. Das sind keine angenehmen Gespräche, weder für die Angehörigen noch für mich. Natürlich wollten die Angehörigen Details wissen, aber keiner erging sich in Vorwürfen. Was Angehörige immer wissen wollen, ist die für hinterbliebene Eltern wichtigste Frage: Hat mein Sohn leiden müssen? Nein, das hatten sie nicht. Beide Kameraden waren sofort tot.

Damit ging der schlimmste Tag meines Lebens zu Ende. Erstaunlicherweise fiel ich in einen komatösen Schlaf. Doch es kamen noch schwere Stunden auf uns alle zu. Am 22.10.2008 stand die Trauerfeier an. General Weigt nahm selbstverständlich daran teil. Als Vertreter des Verteidigungsministeriums war Staatssekretär Dr. Wichert, als Vertreter des Innenministeriums Staatssekretär Dr. Hartung und als Vertreter des Einsatzführungsstabes dessen Leiter, General Bühler, zugegen. Keine fünf Minuten, bevor ich auf den Appellplatz gehen musste, hatte ich noch ein Interview für das ZDF zu geben. Gott sei Dank war der Reporter feinfühlig genug, es bei einigen oberflächlichen Fragen zu belassen. Ich war nicht in der Stimmung, mich auch noch mit der Presse herumzuschlagen.

Dann kam der schwere Gang auf den Appellplatz. Abschiedsappelle und Trauerveranstaltungen werden immer wieder gerne in den Medien gezeigt, weil sich hierdurch sehr gut visuell dem Zuschauer in Deutschland vermitteln lässt, worum es in Afghanistan eigentlich geht und welche Risiken damit verbunden sind. Daher war das deutsche Fernsehen mit Kameras dabei. Das alles interessierte mich so gut wie gar nicht. Ich wollte für die beiden gefallenen Soldaten einen würdevollen Abschied durchführen. Ich wollte aber vor allem die richtigen Worte finden, um meinen Soldaten, die mit Mann und Maus angetreten waren, Trost und Mut zuzusprechen. Hier standen diejenigen Männer und Frauen vor mir, die wenige Wochen vorher ihren Hauptfeldwebel Mischa Meier bei einem Sprengstoffanschlag verloren hatten. Es war genau die gleiche Truppe, die Ende August 2008 paralysiert war und ihrem damaligen Kommandeur die Gefolgschaft aufgekündigt hatte.

Meine Ansprache ist oft im Fernsehen gelaufen. Ich selbst habe den Mitschnitt erst Monate später gesehen. Ich hatte größte Probleme, die Rede überhaupt zu Ende zu bringen. Der Militärpfarrer hatte seine kurze Ansprache mit dem Lied von Eric Clapton „Tears in Heaven" eingeleitet. Mir blieb die Stimme weg. Ich habe in meiner Ansprache Verantwortung übernommen. Ich bin nicht persönlich verantwortlich für den Tod von Patrick Behlke und Roman Schmidt, aber ich bin als militärischer Vorgesetzter, der diese Operation führte und befehligte, gesamtverantwortlich für alles, was damit verbunden ist. Auch für den Tod der gefallenen Soldaten.

Mich haben viele nach meiner Ansprache darauf hingewiesen, dass ich das nicht hätte tun brauchen. Aber ich bin zutiefst davon überzeugt, dass sich ein militärischer Vorgesetzter seiner Gesamtverantwortung nicht entziehen kann und darf. Es war der Tag der Tränen und der Trauer, ein notwendiger Tag. Trauer muss man zulassen, es ist Teil eines Heilungsprozesses und etwas vollkommen

Natürliches. Gerade die so schwer getroffenen Fallschirmjäger mussten trauern dürfen.

Die Veranstaltung ging würdevoll zu Ende. General Weigt und ich flogen mit den Leichnamen weiter nach Termez in Usbekistan, von wo aus der Flug nach Deutschland erfolgte. Eine Ehrenwache begleitete die Särge. Zu der Ehrenwache gehörten Soldaten der Fallschirmjägertruppe, die unmittelbar beim Anschlag dabei waren und so schwer traumatisiert wurden, dass ein Verbleib im Einsatz unverantwortlich war. Ich selbst kehrte am nächsten Tag nach Kunduz zurück. Am Flugplatz fing mich mein Personenschutzführer ab und versuchte mich zu überreden, ich solle doch bitte nicht sofort in mein Fahrzeug für die Rückfahrt ins Feldlager einsteigen, sondern ins Flughafengebäude gehen. Etwas verärgert gab ich nach, denn ich wusste beim besten Willen nicht, was ich da sollte.

Was ich dort antraf, verschlägt mir auch heute noch die Sprache. Alle Fallschirmjäger standen zu meinen Ehren Spalier. Ich habe so manches in meiner Karriere erlebt, aber noch nie ein derartiges Signal der Treue und Loyalität. Ich nahm den Zugführer, der mir meldete, in den Arm. Was sollte ich Hauptfeldwebel „Mutsch" Mutschmann auch sagen in einem derartigen Augenblick? Ich, der nicht der Fallschirmjägertruppe angehört, bin de facto an diesem Tage in diese stolze Truppengattung aufgenommen worden, die es nicht nötig hat, sich bei ihrem Vorgesetzten anzubiedern. Es ist aber auch ein Zeichen dafür, was eine Truppe aushält, wenn sie Vertrauen in ihre Vorgesetzten verspürt.

Abends war ich dann bei den „Fallis" und habe einen ausgegeben. So manche Geschichte wurde erzählt. Wir haben viel gelacht, aber auch nachdenklich unserer gefallenen Kameraden gedacht. Als ich mich gegen 23:00 Uhr verabschiedete und ging, hörte ich hinter mir schwere und polternde Schritte. Jemand riss mich am Kragen herum. Ich fürchtete, dass mir einer der Soldaten ins Gesicht schlagen würde und riss meine Hände hoch. Vor mir stand ein Obergefreiter, der mich festhielt und mich anflehte: „Gehen Sie nicht weg, Herr Oberst, bleiben Sie noch ein Weilchen bei uns!“ Aus diesem Holz waren die Männer geschnitzt. Wann ich schließlich ins Bett fiel, ich weiß es nicht mehr.

Martin Arnold

Rettung aus der Luft

Aufbruch ins Ungewisse

Der Norden Afghanistans. Die ersten Sonnenstrahlen kamen gerade hinter den umliegenden Bergketten hervor, als das letzte Fahrzeug der Patrouille durch das große Tor das Feldlager verließ. Niemand sprach, und auch die Funkgeräte blieben still. Die Aufgaben der Patrouille und jedes einzelnen Soldaten waren Tage vorher geplant und befohlen worden. Jeder wusste in diesem Moment, was er zu tun hatte. Erst letzte Nacht war das Feldlager, die vermeintlich sichere Insel in einer mehr oder weniger feindlichen Umgebung, wie so oft in letzter Zeit mit Raketen angegriffen worden. Diese Ereignisse zeigten jedem einzelnen Soldaten, dass sie in diesem Land nicht von allen freundlich geduldet wurden.

Daniel und Peter saßen zusammen in ihrem Fahrzeug. Sie waren ein eingespieltes Team, das auf einige gemeinsame Erfahrungen zurückblicken konnte. Die Spannung der letzten Tage entlud sich jetzt, aber bevor sich jeder voll konzentrierte, mussten erst die letzten zweifelnden Gedanken weichen. „Würde das Fahrzeug einem Sprengstoffanschlag standhalten?", „Wäre der Feind so dreist und würde uns bei helllichtem Tag angreifen?", „Wer ist der Feind überhaupt: Taliban oder Drogenkriminelle?"

Es dauerte allerdings nur Sekunden, bis alle Zweifel verschwunden waren und jeder ohne Angst in seinem Bereich nach Anzeichen für Sprengfallen oder Angreifer Ausschau hielt und an nichts anderes mehr dachte.

Die Fahrzeuge rasten mit einer Geschwindigkeit von 30 Stundenkilometern den „Highway" entlang. „Highway", so hatten wohl die Amerikaner die wenigen, mit Steinen „ausgebauten", eineinhalbspurigen und stark befahrenen

Verbindungsstraßen Afghanistans getauft. Dies konnte nur ironisch gemeint sein, denn mit ihren Schlaglöchern, engen Kurven und metertiefen Abgründen an den Seiten waren diese Straßen alles andere als Highways.

Trotzdem waren sie im Vergleich zu den sandigen und staubigen Feldwegen angenehm zu befahren. Wir kamen relativ schnell voran, obwohl wir bis in die letzten Knochen durchgeschüttelt wurden. Kinder und Erwachsene führten völlig überladene Esel den Straßenrand entlang. Oft „Selbstmord-Esel“, wie Peter sie mit einem Grinsen nannte, weil sie in ihrer Sturheit oft in letzter Sekunde genau vor die Fahrzeuge liefen. Was aber aufgrund der geringen Geschwindigkeit der Fahrzeuge so gut wie nie in einem Unfall endete. Obwohl es noch sehr früh am Morgen war, säumten in jedem noch so kleinen Dorf rufende, gestikulierende Kindergruppen den Straßenrand. Für den Laien hätte es den Anschein gemacht, die Kinder drückten nur ihre Begeisterung für die westlichen Soldaten aus, die ihrem Land den Frieden gebracht hatten. Doch bei genauem Hinsehen fiel einem auf, dass die Kinder Spielzeug, Süßigkeiten oder Wasser forderten. Hier war wohl in den vorherigen Jahren durch die Vorgänger der Fehler gemacht worden, die obigen Dinge großzügig zu verteilen, was zu einer nicht stillbaren Erwartungshaltung führte. Um sie nicht weiter zu schüren, fuhr die Kolonne, ohne anzuhalten, weiter, was gelegentlich unschöne, weltweit verständliche Gesten oder sogar Steinwürfe zur Folge hatte. Die Steinwürfe führten allerdings des Öfteren dazu, dass die Kolonne doch noch anhielt, um die Kinder durch bestimmtes Auftreten davon zu überzeugen, dass ein Steinwurf eher als ein Angriff auf die eigene Gesundheit als wie ein Kinderstreich gewertet wurde. Während der Fahrt in einem offenen Geländefahrzeug konnte man schließlich durch einen faustgroßen Stein relativ schwer verletzt werden.

Aber diese kleinen „Angriffe" waren nicht das Problem für einen westlichen Soldaten in diesem Land zu dieser Zeit. Die Patrouille musste ständig mit in oder neben der Straße vergrabenen, ferngezündeten oder mit Druckauslösern versehenen Sprengsätzen sowie mit Selbstmordattentätern zu Fuß oder in Autos voll mit Sprengstoff rechnen. Hinzu kamen feindliche Hinterhalte mit Panzerfäusten und Handwaffen. Und das, obwohl die Patrouille nicht den Auftrag hatte, ein Taliban-Lager zu zerschlagen, sondern verschiedene zivil-militärische Hilfsprojekte für die Zivilbevölkerung vorzubereiten oder deren Erfolg zu bewerten. „Wie war es dazu gekommen?" Für einen kurzen Augenblick reflektierte Daniel über Sinn und Unsinn seines Einsatzes. „Warum fühlt man sich ständig so bedroht, wie in einem Krieg, obwohl die Umgebung völlig friedlich erscheint?" Vor ein paar Jahren war er schon einmal in diesem Land eingesetzt. Damals war er mit seinen Kameraden in zivilen Fahrzeugen ohne jede Panzerung unterwegs gewesen. Sie hatten eine Behelfspiste betrieben, auf der Material, Nachschub und Hilfsgüter von Transportflugzeugen angelandet wurde. Daniel hatte eine besondere Aufgabe gehabt. Wie ein Fluglotse auf einem Tower informierte er per Funk die Besatzungen der Transportflieger, damit diese sicher auf der staubigen Piste landen konnten. Erst nachdem sie schon einige Zeit dort gearbeitet hatten, wurde ein Feldlager aufgebaut. Die militärische Ausbildung ließ sie auch damals vorsichtig sein, doch nun war die Bedrohungslage wirklich anders. Das wurde einem durch die täglichen Meldungen über Anschläge und Angriffe auf NATO-Truppen im ganzen Land deutlich vor Augen geführt.

Heute sprach er über sein Funkgerät mit den Piloten zweier amerikanischer Kampfflugzeuge, die wie Greifvögel, alles überschauend, über den Fahrzeugen der Patrouille kreisten. Die Piloten beobachteten den Bereich um die fahrende Kolonne sehr gründlich und meldeten alles, was ihnen auffiel. Daniel gab diese Informationen an seine Kameraden in den anderen Fahrzeugen weiter. In jedem von uns wuchs das Gefühl der Sicherheit, als ob ein großer Bruder auf ihn aufpasste. Nachdem der gefährlichste Abschnitt der Marschstrecke überwunden war, entließ Daniel die zwei Kampfflugzeuge in den noch gefährlicheren Süden des Landes, um andere NATO-Truppen zu unterstützen. Er bedankte sich für ihre Hilfe und wünschte noch einen guten Weiterflug. Danach beschlich jeden Angehörigen der Patrouille für einen kurzen Augenblick das Gefühl des Auf-sich-gestellt-Seins.

Langsam schlängelte sich die Schlange aus Fahrzeugen, eine riesige Staubwolke hinter sich lassend, die sandigen Serpentinen der angrenzenden Berge hoch, um anschließend genauso langsam in die Täler hinab zu kriechen. Als die Kolonne wie geplant ein Dorf erreichte, das durch zivil-militärische Hilfsprojekte unterstützt werden sollte, bezog die Patrouille eine Rundumsicherung. Sven, der Führer, und Markus, der Spezialist für Hilfsprojekte, suchten den Bürgermeister. Als sie ihn fanden und ihm ein Hilfsprojekt anboten, war dieser wenig begeistert. „Wir brauchen Eure Hilfe nicht! Wir wollen Euch hier nicht! Verschwindet!", schrie er, wild gestikulierend, den Dolmetscher an. „Sehr undankbar, diese Leute. Und wo ist eigentlich die oft beschriebene afghanische Gastfreundschaft geblieben?", dachte Daniel, als sich die Fahrzeugkolonne, eine Staubwolke hinter sich herziehend, wieder in Bewegung setzte.

Ein Trupp wurde vorausgeschickt, um einen sicheren Platz für die Nacht zu erkunden. Diesmal ging es schnell. Die Wahl des Platzes führt oftmals zu hitzigen Diskussionen; denn in Afghanistan gibt es nur wenig natürlichen Bewuchs. Fahrzeuge sind damit gut sichtbar und stehen gewissermaßen wie auf einem Präsentierteller. In

Afghanistan kann man sich nicht verstecken wie beispielsweise in einem mitteleuropäischen Wald. Trotzdem wurde die Auswahl eines ausgetrockneten Flussbettes anschließend von allen für zweckmäßig empfunden.

Nachtaufstellung

Als die Sonne die Landschaft in tiefes Orange tauchte und langsam hinter den Bergrücken verschwand, war die Patrouille wieder vereint, hatte eine Rundumsicherung eingenommen und traf die Vorbereitungen für die Nacht.

Während der Rest der Patrouille Feldbetten neben den Fahrzeugen aufbaute und Schlafsäcke darauf ausbreitete, machte sich Mario, der weithin für seine Kochkünste bekannt war, mithilfe einiger Soldaten an die Vorbereitungen für das Abendessen. Mario verstand es, mit etwas Fleisch, ein paar Kartoffeln, Bohnen, Zwiebeln und Knoblauch ein köstliches Essen zu zaubern. Dies war eine willkommene Abwechslung zu den Fertiggerichten der Kampfverpflegung. Nachdem auch die zur Sicherung eingeteilten Soldaten ihren Teil des vorzüglichen Essens erhalten hatten und alle Vorbereitungen für die Nacht abgeschlossen waren, begab sich ein Teil der Patrouille zur Nachtruhe in ihre Schlafsäcke, während der andere Teil über ihren Schlaf wachte. Kurz bevor er durch die Strapazen des Tages vom Schlaf übermannt wurde, dachte Daniel noch kurz über die unfreundlichen Worte des afghanischen Bürgermeisters nach. Eine Erklärung fand er dafür nicht.

Daniel und Peter wurden kurz vor ihrer eingeteilten Streifenschicht von ihren Vorgängern geweckt. Zügig legten sie ihre Schutz- und Kampfausrüstung an. In manchen Patrouillen wurden für die nicht angenehme Zeit mitten in der Nacht die unerfahrensten Soldaten eingeteilt. Bei einem feindlichen Angriff stellte sich dies als nicht zweckmäßig heraus. Bei uns gab es andere Schichteinteilungen. Daniel und Peter waren sicherlich nicht begeistert, den wenigsten Schlaf am Stück zu bekommen, konnten jedoch gut nachvollziehen, warum sie als die erfahreneren Soldaten dieser Gruppe nun in der Mitte der Nacht Streife laufen mussten.

Die Nacht war sternenklar. Die Hitze des Tages war einer Eiseskälte gewichen. Es war gut, dass man sich während der Streife bewegte und sich so etwas warmhielt. Daniel und Peter drehten mit einigen Schritten Abstand zueinander ihre Runden um die Nachtaufstellung der Patrouille. Peter ging vorweg. Plötzlich drehte er sich um und flüsterte mit ironischem Unterton: „Achtung, da vorne kommen vier Taliban!". Er hatte vier Gestalten in der Nacht erkannt, war sich jedoch von Anfang an sicher, dass es sich dabei um harmlose Bauern handelte. Kurz darauf erkannte Daniel durch seine Nachtsichtbrille, dass die Gestalten mit AK-47 Sturmgewehren und RPG-7 Panzerfäusten ausgerüstet waren. Er zischte Peter zu: „Das sind wirklich vier Taliban!" Beide knieten sich ab und beobachteten die Gestalten durch die Visiere ihrer Gewehre, bereit, im Notfall das Feuer zu eröffnen. Als die Taliban in wenigen Metern Entfernung an den beiden und der hinter ihnen liegenden Nachtaufstellung vorbeizogen, konnten sie ihre Bärte, Turbane und Sandalen erkennen. Um zu verhindern, dass die Afghanen sie auf diese kurze Entfernung hörten, mussten Daniel und Peter warten, bis sie die ganze Patrouille alarmieren konnten. Gesehen hatten die Afghanen die beiden nicht. Als die Gruppe sich von der Nachtaufstellung der Patrouille entfernte, erkannte Peter plötzlich eine einzelne Person, die direkt auf die Fahrzeuge zuging. Blitzschnell sprang er auf und da er zunächst keine Waffe erkannte, schlug er der Person mit der flachen Hand auf den Brustkorb, um sie zu stoppen. Dadurch brachte der gut durchtrainierte Peter die Person ins Straucheln. Sie fing sich aber ab, drehte sich um und rannte eilig weg. Jetzt erkannte Peter, dass es sich dabei um einen weiteren Taliban handelte, der sein AK-47 Sturmgewehr über dem Rücken trug.

Während Daniel die Afghanen weiter beobachtete, alarmierte Peter den Rest der Patrouille. Bevor die Gruppe der bewaffneten Afghanen in einem Einschnitt am Fuß eines Berges verschwand, sah Daniel noch, wie sich eine Person noch mal kurz in Richtung der Fahrzeuge bewegte, um, wie es aussah, Maß zu nehmen. Dann war auch diese nicht mehr zu sehen.

Luftnahunterstützung

Einige der gerade geweckten Soldaten reagierten ungläubig auf die im Halbschlaf erfahrenen Neuigkeiten, legten aber zügig ihre Ausrüstung an und gingen in Stellung. Noch berieten wir uns nur über die Absichten des Feindes. Uns war schnell klar, dass es sich dabei weder um harmlose Bauern noch um Polizisten gehandelt haben konnte. Wir mussten uns also schnellstens auf einen Angriff vorbereiten. Da wir nicht wussten, ob wir mit einem flankierenden Angriff aus der Richtung des Flussbettes oder von den Bergen aus rechnen mussten, sicherten wir uns nach allen Seiten.

Sekunden, nachdem der letzte Soldat der Patrouille in seiner Stellung lag, erhellte ein greller Lichtblitz die dunkle Nacht. „RPG-Feuer, Deckung!“, schrie es aus aller Munde. Als das erste feindliche Geschoß mit einer ohrenbetäubenden Explosion nur wenige Meter neben den Stellungen der Patrouille einschlug, wich die eisige Kälte der Nacht der Hitze des Gefechts. „Deckungsfeuer! Feind niederhalten!“ Auf einen Schlag brach ein Inferno über der Stelle am Berghang los, an der der Abschussblitz gesehen wurde. Leuchtspurgeschosse sämtlicher Kaliber durchpflügten den sandigen Boden. „Verwundete?" Nein – allen ging es gut. Dann wieder „RPG! Deckung!". Jeder machte sich im Moment des Einschlages der Panzerfaust hinter seiner Deckung so klein, wie es nur möglich war.

Erneut brach das Deckungsfeuer der Soldaten los. „Stopfen!" – „Magazinwechsel!" – „Verwundete?" Ein leises Stöhnen war zu hören. Dann Gelächter. Christian hatte sich beim Stellungswechsel an einem lafettierten Maschinengewehr gestoßen. „Alles in Ordnung!" Wieder ein greller Abschussblitz. „RPG! Deckung!" Das panzerbrechende Geschoß detonierte in der Luft, aber weit von den Soldaten entfernt. Seine tödlichen Splitter verletzten niemanden.

Plötzlich wieder Gelächter. Sven, der Führer der Patrouille, hatte die uns begleitenden afghanischen Dolmetscher angewiesen, im Falle eines Feuergefechtes ihre sogenannten Knicklichter – das sind Plastikröhren mit einer chemischen Flüssigkeit, die nach dem Knicken der Röhre und leichtem Schütteln leuchten –, zu benutzen, damit sie von uns eindeutig als Freund zu erkennen waren. Jetzt bot sich ihm und dem Rest der Patrouille eine willkommene humoristische Darbietung, als sie hinter sich die Dolmetscher sahen, die in einer Deckung hockten und nicht mehr aufhörten, ihre Knicklichter zu schütteln. Sven hatte wohl vergessen zu erwähnen, dass deren Licht nur durch die Nachtsichtbrillen zu sehen war.

In der Zwischenzeit nahmen Daniel und Peter ihr Funkgerät in Betrieb und forderten Luftunterstützung an. Niemand konnte wissen, wie lange und mit welcher Feindstärke der Angriff weiter fortgesetzt würde. Wir wollten auf alles vorbereitet sein.

Ein weiterer Abschussblitz. Eine weitere Detonation in der Nähe der Soldaten. Erneutes Deckungsfeuer der Patrouille. Dann Ruhe. Die Soldaten beobachteten in Erwartung weiterer Angriffe ihre Umgebung, während Sven mit einer Bestandsaufnahme begann. Keine Verwundeten, kein Fahrzeug wurde beschädigt. Meldung an das Hauptquartier. Dann die Antwort. „Wir schicken Hilfe. Es kann aber noch dauern, bis die Fahrzeuge über die schlechten Wege ankommen.“

Ein Grollen durchzog den sternenklaren Nachthimmel. Da war er wieder, der „große Bruder“, der auf einen aufpasst. Kurz zu erkennen am Feuerschweif seiner Nachbrenner, zeigte sich das erste amerikanische Kampfflugzeug. Daniels Funkgespräche mit dem Piloten versicherten der ganzen Patrouille, dass Hilfe zur Stelle war.

Die Besatzungen der Kampfflugzeuge suchten das gesamte Gelände ab, konnten aber keine feindlichen Kräfte mehr erkennen. Der Feind hatte wohl, wenn auch nur auf Sandalen, äußerst zügig das Weite gesucht. Daniel bedankte sich für die Unterstützung und wünschte einen guten Heimflug, als die Kampfflieger den Luftraum über der Patrouille verließen. Die Ankunft der Flieger hatte die Angreifer definitiv in die Flucht geschlagen. Dann kehrte die eisige Kälte der Nacht zurück. Stille legte sich über die Patrouille.

Der Morgen danach

Die ersten Sonnenstrahlen kletterten in hellem Orange über die umliegenden Berge. Mario war gerade dabei, allen ein Frühstück aus gebratenem Speck, Brot und Kaffee zuzubereiten, als die Verstärkung aus dem Feldlager mit ihren Fahrzeugen eintraf.

Für Soldaten einer Patrouille sind es meist die kleinen, einfachen Dinge, die Sicherheit oder Geborgenheit vermitteln. Luftunterstützung gehört für sie eher zu den großen Ereignissen.

III   Einsatz ist mehr als Kampf

Uwe Hartmann

Krieg ohne Kampf? Zur Reintegration von Aufständischen in Afghanistan

Gibt es Versöhnung mitten im Krieg? Können Soldaten ihre Gegner bekämpfen und gleichzeitig deren friedliche Eingliederung in Dorfgemeinschaften ermöglichen? Dies sind Fragen, die das traditionelle Verständnis von Krieg und Frieden auf den Prüfstand stellen. Sie erwachsen nicht aus einem ethischen Diskurs im Elfenbeinturm, sondern, wie der Einsatz in Afghanistan zeigt, aus der Praxis militärischer Kriegführung.

Sicherheitspolitisch stand im Jahr 2009 die US-amerikanische Entscheidung über die Verstärkung der militärischen und zivilen Kräfte in Afghanistan im Vordergrund. Weniger Aufmerksamkeit erregte die Ankündigung der afghanischen Regierung, Aufständischen eine Rückkehr in die Gesellschaft zu ermöglichen. Das *Afghan Peace and Reconciliation Program* (APRP) ermutigte diese, die Waffen niederzulegen, die Seiten zu wechseln und dem afghanischen Staat Treue zu schwören. Gleichzeitig wurde ein Versöhnungsprozess in Gang gesetzt, um die oftmals tief liegenden Konfliktursachen zu beheben.

Seit dem Jahre 2010 wurden diese beiden Strategien zeitgleich umgesetzt: Die US-amerikanische, die darauf abzielte, die Taliban so weit zu schwächen, dass die afghanischen Sicherheitskräfte diese eigenständig bekämpfen können; und die afghanische, die Frieden und Versöhnung mit Aufständischen in den Mittelpunkt stellte.

Die afghanische Initiative stieß zunächst auf große Skepsis. Kritisch wurde gefragt, ob eine soziale Eingliederung gelingen könnte, wenn alle Konfliktparteien den bewaffneten Kampf intensivierten. Umso erstaunlicher sind die Erfolge: Ende 2013 hatten annähernd 8.000 Kämpfer der verschiedenen Insurgentengruppierungen das Angebot angenommen und ihren bewaffneten Kampf beendet.

Schauen wir einmal mit den Augen des US-Generals Stanley McChrystal auf diese Strategie. Dieser erteilte unmittelbar nach Übernahme seines Kommandos über die Koalitionstruppen in Afghanistan eine Weisung zur Aufstandsbekämpfung (*Counterinsurgency*), die den Einsatz militärischer Gewaltmittel stark reduzierte. Nahezu ausschließlich zivile Mittel sollten genutzt werden; denn der bewaffnete Kampf gegen Aufständische, der nicht selten mit Opfern auch unter der Zivilbevölkerung einherging, führte dazu, dass die Anzahl der feindlichen Kämpfer eher zunahm. Damit waren das traditionelle militärische Denken und Handeln ausgebremst. Das Töten möglichst vieler Gegner nutzte weder dem übergeordneten politischen Zweck des Friedens noch den militärischen Zielen des Einsatzes in Afghanistan.

General McChrystal sprach davon, dass der Tod eines Aufständischen zwanzig Landsleute motiviere, den Kampf gegen die Koalitionstruppen aufzunehmen. Wenden wir dieses Zahlenverhältnis auf die damals durch Reintegration erzielten Erfolge an, so ergibt sich folgendes Resultat: Hätten die Koalitionstruppen 8.000 Kämpfer mit Gewalt gefangen genommen oder getötet, wären dabei nicht nur zahlreiche eigene Soldaten gefallen und noch mehr unschuldige Menschen gestorben, sondern auch 160.000 neue Kämpfer rekrutiert worden. Selbst wenn es nur 10.000 oder 30.000 gewesen wären: Der Keim für das Scheitern der Aufstandsbekämpfung steckt im militärischen Erfolg auf taktischer Ebene. Reintegration könnte ein Weg sein, aus dieser Falle herauszukommen.

Es ist zweifelsfrei: Die Sicherheitslage verbessert sich für die Menschen deutlich sichtbar, wenn Aufständische ihre Waffen niederlegen. Die positiven Wirkungen von Reintegration gehen jedoch weit über die Sicherheit der Menschen hinaus. Gemeinden, die ehemalige Kämpfer auf- und damit auch die Verantwortung für deren Handeln übernehmen, erhalten als Gegenleistung Geldmittel für die Finanzierung von Entwicklungsprojekten, die sie selbst auswählen dürfen. So entstehen Straßen, Schulen und andere Infrastrukturen, die den Menschen in den oftmals entlegenen Landesteilen unmittelbar zugutekommen. Gleichzeitig trägt das Programm auch zum weiteren Ausbau des Staates bei, da dessen Umsetzung einen effizienten Verwaltungsapparat erfordert – und zwar nicht nur in der Hauptstadt Kabul, sondern auch in den Provinzen und Distrikten.

Zweifel sind durchaus berechtigt, ob der afghanische Staat mehr ist als ein Potemkin'sches Dorf, dessen teure Fassaden administrative Inkompetenz und kreative Korruption verbergen. Wie in anderen Rentierstaaten, die von externen Geldtransfers abhängig sind, fehlt auch der afghanischen Regierung schlichtweg die Legitimation. Dennoch dürfen die Fortschritte nicht verkannt werden. Wie in der europäischen Geschichte, so führt auch in Afghanistan der seit einigen Jahren intensivierte Ausbau des Sicherheitsapparates zu einer Erweiterung und Vertiefung der Staatsstrukturen.

Dennoch kommt man nicht umhin, in diesem Land ein vielfältiges Defizit an Bindungen festzustellen: Zwischen Menschen und Staat, Zentralregierung und Provinzen, sowie der Menschen untereinander. Nun ist es alles andere als einfach, Bindungen und Identität zu schaffen; erst recht in einem Land, das sich seit Jahrzehnten im Bürgerkrieg befindet. Das Reintegrationsprogramm leistet dafür einen kleinen, aber nicht unwesentlichen Beitrag. So müssen die Politiker und Beamten in Kabul und in den Provinzen in der Umsetzung der komplizierten Verfahren des Programms kooperieren. Die bisher erzielten Erfolge erzwingen geradezu eine intensivere Zusammenarbeit staatlicher Einrichtungen jenseits der immer noch existierenden sektiererischen Loyalitäten zu Warlords und Ethnien. Die Menschen fühlen eine gewisse Zusammengehörigkeit untereinander, auch gegenüber den Aufständischen. Über 80 Prozent der Afghanen unterstützen das Reintegrationsprogramm, wie die Bevölkerungsumfrage der *Asian Development Bank* 2012 herausfand. Sie sehen darin auch eine Chance, die ethnische Fragmentierung ihrer Gesellschaft zu überwinden. Noch wichtiger ist: Die Menschen lernen, dass sie den Frieden selbst in die Hand nehmen können. Sie spüren, dass ihre Kultur ihnen die Stärke gibt, Frieden durch Versöhnung von innen heraus zu schaffen.

Schwierigkeiten des APRP

Es ist kaum überraschend, dass die Umsetzung des Reintegrationsprogramms nicht reibungslos verlief. Die afghanische Regierung ging Risiken ein, als sie entschied, dass der eigene, noch rudimentäre Staat die Implementierung dieses Programms übernimmt. So erhielten ehemalige Kämpfer über Monate hinweg nicht das ihnen zustehende Übergangsgeld. Aufbauprojekte in den Gemeinden wurden nicht kontinuierlich finanziert, was dazu führte, dass Unternehmen die Arbeiten monatelang einstellten und Projekte bei Wiederaufnahme nicht selten verfallen waren. Es mag auch sein, dass afghanische Politiker und Beamte den Abfluss der Gelder aus Kabul absichtlich verlangsamten. Sie wollten nicht, dass bestimmte Ethnien überproportional oder überhaupt davon profitierten.

Die Entscheidung, dass der afghanische Staat und nicht eine internationale Organisation das Reintegrationsprogramm durchführt, war dennoch richtig. Ohne *Afghan ownership* erschiene es wenig glaubwürdig; zudem trägt diese dazu bei, die Legitimation des Staates zu erhöhen. Es ist ermutigend, dass es trotz aller Unzulänglichkeiten immer wieder Erfolgsmeldungen nicht nur über weitere integrationswillige Kämpfer, sondern auch über fertig gestellte und neu vorgeschlagene Projekte gibt. Die Afghanen sind oftmals viel geduldiger, als sich dies Soldaten und Helfer aus den westlichen Staaten vorstellen können.

Sicherlich, es gab Stimmen von integrierten Kämpfern, die öffentlich ihren Unmut über die Umsetzung des Programms äußerten. Aber sie griffen nicht erneut zu den Waffen, sondern demonstrierten gewaltfrei für ihre Belange. Manche mögen aktiven Kämpfern abgeraten haben, den Weg der Reintegration zu beschreiten. Aber sie selbst waren nicht zu den Aufständischen zurückgekehrt. Insgesamt zeigte sich das Programm als sehr robust, was nicht zuletzt auch an den vielen engagierten afghanischen Mitarbeitern vor allem auf der Provinzebene lag.

Das Reintegrationsprogramm überraschte, weil es politisch und strategisch bedeutsame Wirkungen erzielte. Es änderte sich etwas in dem ganzen Land. Eins war jedoch auch deutlich geworden: Reintegration ist kein Kurzzeitprogramm. Die Erfahrungen in Afghanistan bestätigten die Berichte aus anderen Ländern, wonach ehemalige Kämpfer noch viele Jahre später einer besonderen Unterstützung bedurften. Ihre vor allem ökonomische Integration war nicht einfach, besonders dann, wenn die Wirtschaft nicht in Gang kommt. Für die afghanische Regierung bedeutete dies, dass sie über einen langen Zeitraum hinweg die Politik der Versöhnung fortsetzen, die bestehenden Verwaltungsstrukturen verbessern und die Entwicklungsprojekte effizienter durchführen musste. Die Menschen mussten sich weiterhin um die soziale Eingliederung ehemaliger Kämpfer bemühen, auch wenn diese über ihre Lebensumstände enttäuscht waren. Für die Internationale Gemeinschaft bedeutete dies, Reintegrationsprogramme langfristig zu finanzieren.

Militärstrategische Anpassungen

Wie ist die vielversprechende Durchführung eines Reintegrationsprogrammes inmitten eines eskalierenden Konfliktes, der zudem die unterschiedlichen Interessen und Strategien zwischen den Präsidenten Karsai und Obama offenlegte, zu erklären? Versuchen wir einmal, mit den Augen strategischer Theorie auf das Phänomen von Reintegration inmitten eines Krieges zu schauen.

Anhänger des chinesischen Strategieberaters Sun Tzu würden Reintegrationsprogramme wahrscheinlich euphorisch begrüßen. Sun Tzu hatte seine Kriegskunst vor rund 2.500 Jahren während der äußerst gewalttätigen Herausbildung des chinesischen Staatensystems entwickelt und den zahlreichen Herrschern feilgeboten. Seine gesammelten Grundsätze enthielten nicht nur praktische Ratschläge für die Führung von militärischen Operationen, sondern waren von seiner Einsicht in die Notwendigkeit einer weitest möglichen Begrenzung militärischer Gewalt geleitet. Wahre Kriegskunst, so schrieb Sun Tzu, bestünde darin, dem Gegner die eigenen politischen Ziele ohne bewaffneten Kampf aufzuzwingen. In der ersten Hälfte des 20. Jahrhunderts kam der britische Stratege Basil Liddell Hart zu ähnlichen Schlussfolgerungen. Unter dem Eindruck der Katastrophe des Ersten Weltkrieges entwickelte er die sog. ,indirekte Strategie'. Diese zielte darauf ab, Staaten davor zu bewahren, sich gegenseitig so zu erschöpfen, dass selbst der Gewinner des Krieges ein Verlierer ist. Um das Neue seines Ansatzes zu betonen, hatte Liddell Hart übermäßig Carl von Clausewitz, den preußischen Kriegsphilosophen des frühen 19. Jahrhunderts, kritisiert und ihn als „Apostel der Vernichtungsschlacht" bloßzustellen versucht. Dessen dialektisch angelegte Theorie des Krieges kann man missverstehen, wenn man es denn will. Wer Clausewitz verstehen will, erkennt, dass auch dieser keineswegs eine möglichst schnelle Vernichtungsschlacht als das Wesen strategischer Kriegskunst empfahl. Denn auch er hatte seine persönlichen Erfahrungen mit den grausamen Auswirkungen von Kriegen auf die Schicksale von Staaten und Menschen gemacht. Vielmehr forderte Clausewitz dazu auf, nach weniger gewaltsamen Wegen zu suchen, um politische Ziele zu erreichen. Nicht zuletzt seine fundamentale Einsicht in die Natur des Krieges, die durch Gewalt und Gegengewalt, durch Ungewissheit und Friktion sowie durch eskalierende Emotionalität gekennzeichnet sei, legt dies nahe.

Was bedeutet der in Afghanistan erzielte Reintegrationserfolg für unser Verständnis von Krieg und Frieden, von Kampf und Versöhnung? Schauen wir einmal mit den Augen des Kriegsphilosophen Carl von Clausewitz auf dieses Phänomen. Reintegration bestätigt, dass Krieg eine Fortsetzung der Politik ist. Die Politik „dankt" nicht ab. Die Regierung bestimmt weiterhin die Zwecke, an denen sich auch das militärische Handeln ausrichten muss. Der politische Diskurs geht weiter und bezieht auch die Bevölkerung sowie das Militär mit ein.

Clausewitz hatte die Bürger eng mit der eskalierenden Emotionalität in Zeiten des Krieges in Verbindung gebracht. Auch Reintegrationsprogramme müssen dies beachten. In westlichen Demokratien dürfte es nicht so einfach sein, Akzeptanz für die Reintegration von Kämpfern in einem Einsatzland zu finden, wenn diese deren ‚Bürger in Uniform' töteten. Dies fällt umso schwerer, wenn die Regierung zuvor versuchte, politische Unterstützung mit ehrgeizigen Zielen wie beispielsweise dem Aufbau eines modernen demokratischen Rechtsstaats zu gewinnen.

Politische Rhetorik, welche die notwendigerweise asymmetrische Kriegführung von Aufständischen als feige und hinterhältig bezeichnet, ist ebenfalls wenig förderlich. Müssten ehemalige Kämpfer nicht als Mörder angeklagt und ggf. eingesperrt werden, bevor sie als ehrbare Mitglieder in die Gesellschaft zurückkehren? Auch für die Soldaten ist Reintegration nur schwer mit ihrem Selbstverständnis vereinbar. Sie sind die unmittelbar Leidtragenden von kriegerischer Gewalt und müssen hinnehmen, wie ehemalige Gegner Mitglieder von Dorfgemeinschaften werden, die sie ggf. auch noch beschützen müssen.

Reintegration stellt das traditionelle Verständnis von Krieg und Kriegführung noch an einer anderen Stelle in Frage. Wenn deren politischer Zweck Versöhnung und Frieden ist, welche Rolle spielt dann der militärische Sieg? Steht das militärische Ziel einer finalen Niederlage des Gegners nicht im Widerspruch zu Reintegration im Krieg, weil es die politische Idee der Versöhnung untergräbt?

Es zeigt sich also, dass Reintegration militärstrategische Anpassungen erfordert. Streitkräfte, seien es die der Gastnation oder der Interventionsstaaten, müssen ihre Ziele, Wege und Mittel anpassen, um den veränderten politischen Zwecken, die in mitten im Krieg eingeführten Reintegrationsprogrammen zum Ausdruck kommen, zu genügen. Die Fokussierung des militärischen Handelns auf Sieg ist mit einer auf Versöhnung zielenden Politik kaum vereinbar.

Krieg ohne Kampf?

Reintegration während eines bewaffneten Konfliktes führt also zu strategischen Herausforderungen. Aber ist Reintegration nicht gleichzeitig auch ein Ausweg aus dem fundamentalen Problem der Aufstandsbekämpfung: Dass nämlich die Anwendung militärischer Gewalt gegen Aufständische diese eher stärkt als schwächt?

Reintegration und Versöhnung tragen dazu bei, die tiefer liegenden Ursachen von Konflikten zu beheben und dabei gleichzeitig Sicherheit, gute Regierungsführung und Entwicklung zu verbessern. Dies sind beste Voraussetzungen für eine erfolgreiche Aufstandsbekämpfung. Das traditionelle militärische Handeln dient diesen Zielen eher nicht. Es geht nicht primär um die Zerschlagung eines Gegners durch Kampf, es geht auch nicht allein um das Gewinnen von Herz und Verstand der Bevölkerung, sondern um ihre gemeinsame Einbindung in einen auf Versöhnung angelegten Friedensprozess. Folgerichtig muss die Förderung des Reintegrationsprozesses ein vorrangiges Ziel aller militärischen Operationen sein. Dazu zählen der Schutz insbesondere der Dorfgemeinschaften, die ehemalige Kämpfer aufgenommen haben, sowie deren Unterstützung im Kampf gegen Aufständische. Hinzu kommen die Information verschiedener Adressaten über das Reintegrationsprogramm, die Unterstützung der zivilen Reintegrationsbehörden sowie das Mitwirken an der Koordinierung aller Maßnahmen zur Förderung von guter Regierungsführung und Entwicklung. Hochrangige militärische Führer tragen durch ihre Gespräche mit Politikern und Geistlichen dazu bei, dass diese Reintegrationsprogramme aktiv unterstützen. Positive Effekte können auch durch den Einsatz von Spezialkräften erzielt werden, indem sie gezielt besonders gewalttätige Führungskader der Aufständischen ausschalten. Aber auch hierzu gibt es weniger gewaltsame Alternativen. Durch gezielte Informationen an das Umfeld einer Zielperson könnte diese dazu bewegt werden, das Reintegrationsangebot anzunehmen, bevor Spezialkräfte *kill or capture operations* durchführen.

Ist Reintegration ein Weg für Krieg ohne Kampf? Clausewitz mahnte, dass es im Kriege nur eine Währung gäbe:

Das Gefecht. Auch wenn es nicht zum Gefecht käme, sei die glaubwürdige Androhung doch entscheidend für das Handeln des Gegners. Auch der Erfolg von Reintegration beruht auf siegreichen Gefechten oder zumindest deren glaubwürdiger Androhung. Denn der Kämpfer, der seine Eingliederung in Erwägung zieht, macht eine Kalkulation, bei der auch seine Beurteilung eine Rolle spielt, wer in der Auseinandersetzung wahrscheinlich die Oberhand behalten wird.

Reintegration macht den bewaffneten Kampf nicht überflüssig. Sie ist kein Königsweg, um politische Ziele in einem bewaffneten Konflikt ohne den Einsatz von Gewalt zu erreichen, wie es Sun Tzu als höchste Kriegskunst empfahl. Gleichwohl bietet Reintegration die Möglichkeit, Gewalt zu begrenzen. Dies wiederum genügt den militärstrategischen Anforderungen von neuen Konflikten, die der britische General Sir Rupert Smith als *war among the people* bezeichnet. Strategen sollten daher schon zu Beginn solcher Konflikte, ggf. sogar schon in den Planungen für Eventualfälle prüfen, inwieweit Reintegration eine umsetzbare und akzeptable Option ist, um politische Ziele zu erreichen.

Der Soldat der Bundeswehr soll Soldat für den Frieden sein und nicht, wie etwa der Soldat der US-Streitkräfte, die „Kriege der Nation gewinnen". Nicht zuletzt aus dieser Friedensorientierung resultiert das Primat der gewaltfreien Konfliktlösung bzw. der zivilen vor den militärischen Mitteln. Die Angehörigen der Bundeswehr sind also aufgefordert, ihr Denken und Handeln auf Frieden und Versöhnung auszurichten und nicht allein auf siegreiche Gefechte oder den finalen militärischen Sieg. Dies sind beste Voraussetzungen für ein umfassendes Verständnis komplexer Konflikte und das Erreichen politischer Ziele.

Frank Pieper

Information und Kommunikation in Einsätzen

Wodurch werden eigentlich Stabilisierungsoperationen entschieden? Eine erste, noch etwas ausweichende Teilantwort auf diese Frage lautet: Der finale Erfolg einer Stabilisierungsoperation wird aller Erfahrung nach nicht durch das Element „militärischer Kampf" herbeigeführt. Diese These trägt Diskussionsstoff in sich. Denn Streitkräfte sind der wahrgenommene Kern einer Stabilisierungsoperation und ihre zentrale Kompetenz ist eben genau der Kampf.

Es gilt anzumerken, dass diese Teilantwort auf einer Betrachtungsweise beruht, die vorrangig die operative Führungsebene des eingesetzten Militärs in den Blick nimmt. Sie gilt nicht für die taktische Ebene im „Mikrokosmos" eines Dorfes oder eines in seiner räumlichen Ausdehnung überschaubaren Distriktes. Hier können der Kampf und insbesondere das gewaltsame Vorgehen gegen die militanten Gegner sehr wohl einen spürbaren Beitrag zur Sicherheitslage und damit zur Stabilisierung leisten. Doch für die räumlich deutlich größeren Provinzen oder den gesamten Verantwortungsbereich einer Mission gilt diese Regel oft schon nicht mehr. Die Hauptursache liegt dabei wohl in der Unmöglichkeit, einen derart großen Raum mit der entsprechenden Dichte an Soldaten abzudecken. Damit fehlt die Fähigkeit, den Gegner jederzeit und überall bekämpfen zu können.

Nähern wir uns der möglichen Bedeutung des Kampfes am Beispiel Afghanistans. Die Truppen der damaligen Sowjetunion blieben zehn Jahre in Afghanistan. Eine Vielzahl ihrer taktischen Gefechte gegen die Mujaheddin haben sie in diesen Jahren verloren. Als sie Afghanistan verließen, waren ihre Gegner nahezu unverändert schlagkräftig. Eine langfristige Stabilisierung und Befriedung Afghanistans haben sie nicht erreicht.

Die NATO war im Auftrag der Vereinten Nationen einen vergleichbar langen Zeitraum in Afghanistan. Die Truppen der Internationalen Sicherheitspräsenz (ISAF) haben aufgrund ihrer Führungs- und Wirkungsüberlegenheit nahezu jedes taktische Gefecht gegen die Aufständischen gewonnen. Zudem konnte durch das Wirken der Spezialkräfte eine große Zahl von Führern der Aufständischen aller Ebenen festgesetzt oder getötet werden. Dennoch ist der militärische Widerstand weitgehend ungebrochen; eine langfristige, sich selbst tragende Stabilisierung des Landes wurde nur zum Teil erreicht.

Daraus kann man den Schluss ziehen, dass aus operativer Sicht weder der Kampf an sich noch die Art des Kampfes oder sein Erfolg ausschlaggebend sind für den Ausgang einer Stabilisierungsoperation. Dieses ist angesichts der Zahl der im Kampf gefallenen Soldaten der NATO sowie der afghanischen Sicherheitskräfte und der noch höheren Zahl ziviler afghanischer Opfer eine zunächst ratlos machende Erkenntnis.

Auch wenn damit die operative Bedeutung des Kampfes in Frage gestellt wird, soll an dieser Stelle bereits deutlich gemacht werden: Es geht in dieser Analyse nicht darum, der Wirksamkeit und Notwendigkeit gewaltsamen militärischen Vorgehens die Bedeutung abzusprechen. Im Gegenteil, klar und unverrückbar ist: Eine Stabilisierung lebt von dem glaubwürdig angedrohten, jederzeit möglichen Übergang in die militärische Gewaltanwendung. Dieser kann professionell nur durch Streitkräfte vollzogen werden. Damit wird der militärische Kampf zur Voraussetzung und Grundlage für alle anderen Maßnahmen einer Vernetzten Sicherheitspolitik sowie für die Wirksamkeit aller zivilen Akteure in einem Stabilisierungseinsatz.

Dieses gilt insbesondere für eine Aufstandsbewältigung, die eine Sonderform der Stabilisierung darstellt. Im Rahmen einer Aufstandsbewältigung ist das militärische Niederringen der ideologisch verblendeten und nicht zu überzeugenden Hardliner unter den Aufständischen ein unverzichtbarer und integraler Bestandteil der Operationsführung. Dennoch scheint der Kampf trotz seiner strukturellen Bedeutung lediglich eine flankierende und keinesfalls *die* entscheidende Maßnahme zu sein. Und selbst als erfolgreich durchgeführte flankierende Maßnahme kann die Wirkung einer gewaltsamen Operation wirkungslos verpuffen.

Ein kurzes Szenario soll diese These verdeutlichen: In einem kleinen Dorf in einer Provinz im Norden Afghanistans wird in einer nächtlichen Spezialkräfteoperation zusammen mit afghanischen Polizeikräften ein örtlicher Taliban-Führer in seinem Haus festgesetzt. Diesen Vorgang erfahren zunächst einmal nur die Bewohner des betroffenen Dorfes. Wenn nun tatsächlich niemand außer den vielleicht zwanzig Augenzeugen dieses abgelegenen Dorfes vom Erfolg und der Wirksamkeit dieser Operation erfährt, dann ist der Beitrag zum Erreichen der Ziele der Aufstandsbekämpfung insgesamt eher gering. Noch schlimmer wird es, wenn sowohl wir als auch die afghanischen Sicherheitskräfte die Deutungshoheit über diese militärische Operation verlieren. Gelingt es der gegnerischen Propaganda beispielsweise, die Tötung des Taliban-Führers erfolgreich in die Tötung eines unbescholtenen afghanischen Bürgers und die Ermordung seiner unschuldigen Frau und Kinder umzudichten, dann kann die eigentlich erfolgreiche taktische Maßnahme sogar negative Effekte für die Gesamtoperation und darüber hinaus für die Politik erzeugen.

Damit nähern wir uns der Antwort auf die Frage, was in einer Stabilisierung möglicherweise entscheidend sein kann. Es ist offensichtlich nicht so sehr das, was *tatsächlich* passiert, sondern vielmehr die Wahrnehmung und Deutung des jeweiligen Vorganges in den unterschiedlichen Wahrnehmungsgruppen. Die Erfahrung zeigt, dass für das Handeln eines Individuums sowie ganzer Bevölkerungsgruppen nicht die objektive Wahrheit des Moments, sondern das jeweils projizierte Bild dieses Momentes und die dazugehörige Bewertung entscheidend sind. Es ist das Abbild des Sachverhaltes, das man vor seinem geistigen Auge sieht und an welches man als eine Art 'persönlicher Realität' glaubt.

Für die militärischen und zivilen Verantwortlichen, die im Auftrag internationaler Organisationen Operationen durchführen, beinhaltet dieser Umstand folgende Erkenntnis: Wenn die vielfältigen Anstrengungen und Maßnahmen in den unterschiedlichen militärischen und zivilen Handlungsfeldern wirklich erfolgreich sein sollen, müssen die dazugehörigen Wahrnehmungen aktiv gestaltet werden.

Eine gute Tat erzeugt eine gute Wahrnehmung und diese wiederum führt zu gutem Verhalten. Die Gültigkeit dieser Kausalkette lässt sich nicht nur durch unsere Erfahrungen in den Einsatzgebieten belegen. Sie kann schon eher als psychologische Grunddeterminante menschlichen Lebens gelten. Nur die gezielte Modellierung der guten Tat zu einer guten Wahrnehmung bietet überhaupt erst eine Chance für gutes Verhalten.

Wodurch kann nun die Wahrnehmung von Nichtaugenzeugen modelliert werden? In allererster Linie durch Kommunikation. Die Fähigkeit von Streitkräften zu einer integrierten und ganzheitlichen Kommunikation wird damit folgerichtig zur Schlüsselfähigkeit für eine erfolgreiche Stabilisierung. Die unterschiedlichen Wahrnehmungsgruppen werden dieser Argumentation folgend zu Zielgruppen. Mit diesen Zielgruppen müssen wir auf unterschiedlichen Wegen, mit unterschiedlichen Mitteln sowie zielgruppenoptimierten Botschaften im Sinne und zum Zwecke einer erfolgreichen Operationsführung kommunizieren.

Für Afghanistan bedeutet dies beispielsweise, dass der Aufbau des afghanischen Staates und einer sich selbst tragenden Sicherheit nur gelingen kann, wenn die Mehrzahl der Afghanen an das positive Wirken und die grundsätzliche Leistungsfähigkeit ihrer Polizei und ihrer Streitkräfte glaubt. Diese wiederum können nur erfolgreich wirken, wenn sie an sich selbst glauben. Zudem kann die Gesamtoperation über Dekaden hinweg nur dann erfolgreich sein, wenn die Öffentlichkeit in den Staaten, die Streit- und Polizeikräfte sowie zivile Aufbauhelfer nach Afghanistan entsenden, grundsätzlich an den Erfolg glaubt und diese unterstützt. All diese Effekte sind nur durch gezielte Kommunikation zu erreichen.

Gezielte Kommunikation heißt jedoch weder Manipulation noch Propaganda. Grundlage jeglicher Kommunikationsaktivität der Bundeswehr war, ist und bleibt das Prinzip der Glaubwürdigkeit. Es gilt der Grundsatz, dass Tatsachen nicht verfälscht, geschönt, hingebogen oder gar erfunden werden. Es ist jedoch legitim, die Tatsachen mit zielgerichteten Botschaften, unter Anwendung von in der Zielgruppe vorrangig genutzten Medien und mit einer passgenauen Sprache so bekannt zu machen, dass die erzielte Wirkung eine möglichst positive im Sinne der Unterstützung der Gesamtoperation ist. Denn nur wenn alle beteiligten Wahrnehmungsgruppen eine positive Wahrnehmung haben, kann auch die tatsächliche Entwicklung positiv sein. Diese Abhängigkeiten sind auch in anderen Gesellschaftsbereichen wie beispielsweise der Wirtschaft nicht unbekannt.

Operative Information und die damit verbundene Beeinflussung von Zielgruppen im Einsatzgebiet ist seit den ersten Einsätzen der Bundeswehr ein etablierter und integraler Bestandteil der Operationsführung. Das gleiche gilt für die Presse- und Informationsarbeit im Einsatzgebiet und in Deutschland. Lange Zeit waren diesen beiden Eckpfeiler der Kommunikation jedoch organisatorisch und damit auch inhaltlich strikt voneinander getrennt. Das führte zur Nichtabbildung der in der NATO bereits etablierten Fähigkeit, „Informationsoperationen planen und durchführen zu können". Die auf der Hand liegende Notwendigkeit, übergreifend alle Kommunikations- und Informationsaktivitäten aus einer Hand zu planen und zu koordinieren, hat sich angesichts dieser traditionellen Trennung nur langsam über die Zeit entwickelt und erst spät die entsprechende Berücksichtigung in den Stabsstrukturen gefunden.

Im ISAF *Regional Command North* (RC N) hat diese taktisch-operative Notwendigkeit zur kohärenten Planung, Koordinierung und Kontrolle aller Kommunikationsaktivitäten im Jahre 2010 zu einer konzeptionellen Neuausrichtung der Stabsstruktur geführt. Erstmalig in einem deutsch dominierten Stab wurden die Bereiche Presse und Öffentlichkeitsarbeit, Informationsoperationen, Operative Information, Interkulturelle Einsatzberatung, Einsatzkamerateam und *Gender Adviser* in einer Abteilung zusammengefasst. Damit waren alle planerischen Kapazitäten sowie wesentliche Wirkmittel der Kommunikation erstmalig in *einer* Hand. Als wesentlicher Arbeitsmuskel für die Medienproduktion war dieser Abteilung ein hochgradig leistungsfähiges *Regional PSYOPS Support Element* (RPSE) zugeordnet. Das RPSE, bestehend aus ca. 30 Soldaten und 80 afghanischen Zivilangestellten, betrieb unter dem gemeinsamen „Brand" Bazan e Shamal (Stimme des Nordens) rund um die Uhr ein eigenes Radio und eine Website, produzierte Fernsehspots und war verantwortlich für die Planung und Erstellung aller erforderlichen

Printprodukte. Darüber hinaus wurden durch den Leiter dieser Abteilung die *Tactical PSYOPS Teams* (TPT) sowie die Pressestabsoffiziere der in der Fläche eingesetzten *Task Forces* fachlich gesteuert. TPTs werden, eingegliedert in die Patrouillen, zu allen Formen der Direktkommunikation eingesetzt. Das beinhaltet u.a. *Face to Face* (F2F) und Abstandskommunikation über Lautsprecher.

Diese Stabsstruktur hat sich als so erfolgreich, tragfähig und belastbar erwiesen, dass sie bis zum Ende der ISAF-Mission gehalten hat. Mitte 2013 wurde zudem zusätzlich noch der Anteil Zivil-militärische Zusammenarbeit (CIMIC) des Stabes hinzugefügt. Die täglichen Synergien von Kommunikation aus einer Hand und der damit abgestimmten Effekte in den unterschiedlichsten Zielgruppen konnten einen wesentlichen Beitrag zur Operationsführung des RC N leisten. Die klare und eindeutige Zuständigkeit für diesen Gesamtprozess in einer Hand hat sich als Schlüssel zum Erfolg erwiesen.

Eine grundlegende Erkenntnis der täglichen Arbeit dieser neuen Abteilung war, dass die in Deutschland oft als unüberwindbar empfundene Hürde zwischen der Presse- und Informationsarbeit auf der einen sowie Informationsoperationen und Operativer Information auf der anderen Seite sich als quasi nicht existent erwiesen hat. Beide Bereiche beruhen aus deutscher Sicht auf dem alles überragenden Prinzip der Glaubwürdigkeit. Täuschungen, Desinformation oder gar gezielte Fehlinformationen sind, wie bereits ausgeführt, in keinem der Bereiche eine erlaubte Methode.

Unabhängig davon ist es jedoch selbstverständlich, dass beide Bereiche ihren spezifischen Zielgruppen spezielle, auf beabsichtigte Effekte ausgerichtete Teile der Wahrheit anbieten. Was dabei kommuniziert wird, hat wahr zu sein. Das ist und bleibt ein eiserner Grundsatz. Doch ist es genauso gültig, dass nicht alles, was wahr ist, auch zwingend kommuniziert werden muss. Beide Bereiche vollziehen also am Ende des Tages interessengeleitete und auf Effekte ausgerichtete Kommunikation und Information.

Die klassische Wahrnehmung, nach der Akteure im Bereich Operativer Information und Informationsoperationen mit eher „anrüchigen" Methoden Meinungen manipulieren, während Presseoffiziere grundsätzlich unanfechtbare Wahrheitsverkünder darstellen, hat sich in der Praxis also als Fehlassoziation erwiesen. Doch nicht nur die Zusammenfassung aller Planer und Wirkmittel der Kommunikation in einer Abteilung ist ein zukunftsweisender Weg.

Durch die nunmehr bestehende Möglichkeit der ganzheitlichen Analyse des Informationsumfeldes Nordafghanistan und die umfassende Beratung in Fragen der Kommunikation aus einer Hand konnte ab 2010 die Operationsführung im RC N effektiver unterstützt werden. So konnten z.B. durch die Bereitstellung von Analyseleistungen Fehler in der Operationsführung vermieden werden. Hierfür ein Beispiel: Soldaten, vor allem solche in Führungspositionen, entscheiden und handeln in der Regel schnell und pro-aktiv. Diese für das Gefecht zwingend erforderliche Eigenschaft wird Soldaten von Grund auf anerzogen. Nun gibt es jedoch in Stabilisierungsoperationen zahlreiche Momente und Situationen, in denen sofortiges Handeln kontraproduktiv sein kann. Eine dieser Situationen war die Veröffentlichung Islam-feindlicher Karikaturen im Internet. Die Einleitung sofortiger Maßnahmen zum Schutz der eigenen Truppe aus Sorge vor Angriffen der afghanischen Sicherheitskräfte auf eigene Soldaten hätte u.a. zur zeitlich befristeten Aufgabe der Zusammenarbeit mit der afghanischen Seite geführt. Die von den Analysten im Bereich der Kommunikation identifizierten Verhaltens- und Wahrnehmungsmuster konnten zu der Bewertung beitragen, dass für derart rigide Maßnahmen noch keine Notwendigkeit bestand. Damit konnte diese intuitiv naheliegende Sofortmaßnahme letztlich vermieden werden.

Dies war ein Erfolg für die Operationsführung im deutschen Verantwortungsbereich; denn jedes Aussetzen der Zusammenarbeit ist verbunden mit dem Ausdruck massiven und tiefsten Misstrauens gegenüber den Afghanen. Diese Wahrnehmung kann zu Vertrauensverlust führen. Eine solche Maßnahme muss daher gut abgewogen werden. Im vorliegenden Fall konnten durch eine professionelle Analyse des Informationsumfeldes negative Effekte in der „Zielgruppe afghanische Sicherheitskräfte" verhindert werden.

Neben einer Vielzahl vergleichbarer Analyseleistungen in anderen Themenfeldern waren gezielte Informations- und Kommunikationsaktivitäten zur Minimierung von negativen Effekten im Falle durch eigene Operationen entstandener Schäden an Personen oder Eigentum ein zentrales Analyse-, Beratungs- und Handlungsfeld der zuständigen Abteilung. Ihre Kernaufgaben und damit das „Brot- und Buttergeschäft" des RPSE waren jedoch eine Vielzahl langfristig angelegter Informationskampagnen, die auf die positive Verlinkung der Bevölkerung mit dem aufzubauenden afghanischen Staat abzielten, gezieltes *Key Leader Engagement* (KLE) sowie Beiträge zum *Targeting*-Prozess. Beim *Targeting*-Prozess galt es, der dominierenden *Capture or Kill*-Praxis das kreative Durchdenken auch nicht-kinetischer Effekte entgegen zu setzen. So gab es erfolgreiche Ansätze, gezielt einzelne Gruppen von Aufständischen zur Abgabe ihrer Waffen und zum Einstieg in das *Afghan Peace and Reconciliation Programme* (APRP) zu bewegen.

Das Ende der Internationalen Sicherheitspräsenz war mit einem zunehmenden Zurückziehen seiner Truppen aus der Fläche und der Übergabe dieser Räume an die afghanische Seite verbunden. In großen Bereichen konnte das

RC N nicht mehr auf eigene Aufklärungsmittel zurückgreifen. Diese Lücke konnte das RPSE zum Teil schließen.

Die im RPSE zum *Mediamonitoring* eingesetzten rund 60 afghanischen Angestellten konnten über die Medien Lageinformationen generieren, die auf den regulären Meldewegen erst Stunden, manchmal Tage später vorgelegt worden wären. Des Weiteren unterhielt das RPSE ein über den gesamten Norden verteiltes Korrespondentennetzwerk afghanischer Journalisten. Deren Hauptaufgabe war es, Beiträge für das RC N-Radio, das TV-Programm, die Printprodukte sowie den Internet-Auftritt Bayan e Shamal zu erstellen. Diese Korrespondenten konnten in vielen Fällen über Medien oder offizielle Meldewege kolportierte Gerüchte durch Journalistenarbeit vor Ort sowie mit selbst produzierten Bild- und Textbeiträgen verifizieren und ggf. korrigieren.

Ein prägnantes Beispiel hierfür waren die im Nachgang einer afghanischen Operation entstandenen Gerüchte über ca. 9.000 Flüchtlinge im Nordwesten Afghanistans. Afghanische Medien berichteten bereits über eine sich anbahnende humanitäre Katastrophe. RC N hatte keine militärischen Aufklärungsmittel vor Ort. Die angesetzte Überwachung aus der Luft konnte den Sachverhalt nicht klären. Erst der vom RPSE angesetzte afghanische Korrespondent konnte mit O-Ton und Bildern belegen, dass es sich bei den 9.000 Flüchtlingen um lediglich 90 Personen handelte, die sich auf den Weg gemacht hatten, um bei Verwandten adäquat unterzukommen. Neben der Aufklärung des Sachverhaltes hat das RPSE diesen O-Ton sofort in eine Radiomeldung auf Bayan e Shamal umgesetzt, um drohende negative Effekte für die ansonsten positiv wahrgenommene afghanische Operation zu minimieren.

Eine Vielzahl weiterer Beispiele könnte belegen, dass adäquate Informations- und Kommunikationsaktivitäten wesentlich zur Stabilisierung Nordafghanistans beigetragen haben. So ist zum Beispiel die hohe Zahl der Reintegrierten, also der ehemaligen Aufständischen, die sich dem APRP angeschlossen haben, wesentlich auf die Informationsaktivitäten des RPSE zurückzuführen, die dieses afghanische Programm mit Flugblättern und mit entsprechenden Radioprogrammen umfangrcich beworben hat. Befragungen der Reintegrierten ergaben, dass über 60 Prozent von ihnen erst durch diese PsyOps-Produkte auf das Programm und seine Möglichkeiten aufmerksam geworden sind.

Doch statt weiterer Beispiele soll abschließend *das* zentrale Leuchtturmprojekt im Bereich Kommunikation, nämlich das *Regional Media Information Center* (RMIC) der afghanischen Sicherheitskräfte, beschrieben werden. Dieses Projekt verbindet in exemplarischer Weise die Bedeutung des Wirkens im Informationsumfeld mit der zentralen militärischen Aufgabe einer Stabilisierung.

Startpunkt für die Idee des RMIC war die Erkenntnis, dass die entscheidende Grundlage für die Fähigkeit der afghanischen Sicherheitskräfte zur Wahrnehmung der Sicherheitsverantwortung eine positive Verknüpfung zwischen ihnen und der afghanischen Bevölkerung ist. Das Erreichen dieses Effektes war folgerichtig das Kernthema der Informationsaktivitäten des RC N seit dem Jahr 2010. Mit dem sich nähernden Ende der ISAF-Mission rückte zudem in das Bewusstsein, dass diese Informationsaktivitäten zur positiven Verlinkung Ende 2014 nicht abrupt aufhören dürften, sondern von der afghanischen Seite landestypisch angemessen fortgesetzt werden müssten. So weit so gut. Doch in keiner der Strukturen von afghanischer Polizei und Armee waren Kräfte, Fähigkeiten oder Mittel berücksichtigt und ausgeplant, um diese

Informationsaktivitäten durchzuführen. Vereinzelt gab es Presseoffiziere und im 209. ANA Korps sogar einen Offizier für *Information Operations*. Diese hatten jedoch, wie bereits angeführt, keine unterstellten Wirkmittel. Was die afghanischen Sicherheitskräfte also brauchten, um ab Anfang 2015 nahtlos weiter kommunizieren zu können, war ein „Informations- und Kommunikationswaffensystem".

Zeitgleich zu diesen Überlegungen liefen die ersten Planungen zur Reduzierung der Kräfte im RC N an, von denen auch das RPSE betroffen war. Hier stellte sich neben dem Abbau des militärischen Personals zudem folgende Frage: Wohin mit den vom RPSE beschäftigen ca. 80 afghanischen Zivilangestellten? Oftmals seit Jahren im RPSE tätig, waren diese ausgebildet und eingesetzt als Radio-, Print- und TV-Journalisten, als Moderatoren, Layouter, Cutter sowie Kameramänner/-frauen. Zwei besonders qualifizierte afghanische Mitarbeiter wurden seit Jahren auf die Wahrnehmung von Aufgaben als *Programm Chief* und *Office Manager* vorbereitet.

Die Notwendigkeit, eigene Wirkmittel aufzubauen, und die Frage nach dem Verbleib der zivilen afghanischen Mitarbeiter im RPSE führten zu dem Lösungsansatz, ein RMIC für die afghanischen Sicherheitskräfte in Mazar-e Sharif, der zentralen Metropole im Norden Afghanistans, aufzubauen. Dazu war es sehr hilfreich, den Aufbau des RMIC und den Abbau des RPSE als kommunizierende Röhren zu betrachten. In dem Umfang, in dem afghanisches Personal, Ausstattung und damit Fähigkeiten im RPSE abgebaut wurden, sollten diese im RMIC in vergleichbarem Umfang aufwachsen.

Bewusst wurde dafür ein mehrstöckiges Haus in einem zivilen Umfeld angemietet. Zum einem, um deutlich zu machen, dass das RMIC ein gemeinsames Kommunikationscenter für die afghanischen Streitkräfte und alle Entitäten der Polizei werden soll, zum anderen, um eine

Abschottung hinter Kasernenmauern zu vermeiden und den afghanischen Journalisten eine für sie jederzeit erreichbare Anlaufstelle zu geben.

Das angestrebte Profil des RMIC sollte folgende Leistungen umfassen:

* *Media Monitoring*
* Planung von Informations- und Kommunikationsaktivitäten
* Presse- und Informationsarbeit
* Ort für Pressekonferenzen, Hintergrundgespräche, etc.
* Ort für Fokusgruppengespräche
* Ort der gemeinsamen Planung von Presse- und InfoOps Offizieren sowie den *Religious and Cultural Adviser* /Mullahs aller afghanischen Sicherheitskräfte
* Unterstützung der Operationsplanung / Beiträge zur Operationsführung
* Betrieb der Bayan e Shamal Produktfamilie mit eigener Radio-Station, dem selbst produzierten TV-Format, eigener Webpage und selbst verantworteten Printprodukten

Mit dem RMIC sollte der Ausstieg der ISAF-Kräfte im RC N aus der aktiven Informations- und Kommunikationsarbeit erreicht werden. Der Zeitplan sah vor, dass das Neujahrsfest (Nawruz) 2014 die erste Großveranstaltung sein sollte, die die afghanischen Sicherheitskräfte unter Nutzung des RMIC selbstständig planen und durchführen. Dieses Zwischenziel wurde erreicht.

Zusammenfassend kann festgestellt werden: Das RMIC ist eine Novität und stellt sicher hohe Anforderungen an eine so junge Armee wie die afghanischen Streitkräfte und die ebenso neuen Entitäten der Polizei. Der Zwang zur gemeinsamen Nutzung eines solchen Hochwerttools verstärkt die Komplexität noch weiter.

Dennoch zeigten die ersten Schritte: Das RMIC funktioniert. Insbesondere die zivilen afghanischen Mitarbeiter leisten herausragende Arbeit und sind mit großem Herzblut bei der Sache. Auch die Soldaten und Polizisten macht die Tatsache, dass sie ihre Produkte jetzt selbst planen und bestimmen können, stolz. Dieses wiederum hat in kurzer Zeit eine hohe Identifikation mit dem RMIC und trotz aller Komplexität eine mit einem RPSE vergleichbare Leistungsfähigkeit geschaffen.

Wenn die Anfangsthese stimmt, dass Kommunikation und die Deutungshoheit von Ereignissen Grundlage für den Erfolg einer Stabilisierungsoperation sind, dann stimmt das nicht nur für die eigenen Kräfte, sondern auch für die zu unterstützenden lokalen Sicherheitskräfte, in diesem Fall die afghanischen Sicherheitskräfte. Auch diese werden nur erfolgreich sein, wenn sie das Informationsumfeld zielgerichtet nutzen.

IV Belastungen

Thomas Huhndorf

Operation „Allied Force"

„…Fortsetzung der Politik mit anderen Mitteln…"

Es war heiß, sehr heiß in Las Vegas. Wie bereits 1995 nahm das Jagdbombergeschwader 32 auch im Frühjahr 1999 an einer Großübung teil. Der Übungsname dieses Mal: Green Flag. Eine Übung mit speziellem Schwerpunkt; hier wurden in erster Linie Taktiken und Verfahren des Elektronischen Kampfes geübt. So war es auch nicht verwunderlich, dass viele der erfahreneren Besatzungsmitglieder und potentiellen Einsatzbesatzungen sich hier vor Ort um die Weiterentwicklung der immer noch jungen Einsatzrolle der für die Aufklärung und Bekämpfung von Radaranlagen optimierten ECR-Tornados kümmern sollten. Und natürlich auch um ihre eigenen fliegerischen Fertigkeiten. Acht ECR-Tornados waren hier, rund zwanzig Besatzungen, beinahe ein Drittel des Geschwaders. Die Speerspitze, die als erstes für einen bewaffneten Einsatz vorgesehen war.

Bereits zu Beginn des Jahres war unser Kontingent im italienischen Piacenza aktiviert worden, mit sechs weiteren Flugzeugen und nochmals etwa zehn Besatzungen. Eigentlich die, die noch aufwachsen sollten in den Einsatzstatus „Combat ready" und die noch Zeit bekommen sollten, bis es wirklich losging. Das Jagdbombergeschwader 32 war also weltweit verteilt, am Heimatplatz war lediglich ein sporadischer Flugbetrieb vorgesehen.

Wieder richtete sich die Aufmerksamkeit der Geschwaderangehörigen auf die politische Entwicklung in Serbien und im angrenzenden Kosovo. Plötzlich war es offensichtlich nur noch eine Frage von Wochen oder Tagen, wann der Zeitpunkt einer militärischen Maßnahme gekommen war. Dennoch – anders als noch 1995 beim Einsatz über Bosnien – sahen wir die Entwicklung diesmal etwas gelassener. Das Merkwürdige an der Situation war, dass von einem Einsatz von Bodentruppen der Staatengemeinschaft weit und breit nichts zu hören oder sehen war. Wie sollte es denn möglich sein, den Kosovo aus der Luft zu befreien oder gar zu befrieden? Wie sollte man Straßen, Ortschaften und militärische Anlagen aus der Luft gewinnen und über Wochen und Monate kontrollieren können? Nach wie vor erschien ein längerer Luftkrieg irgendwie unwahrscheinlich, sogar unwirklich. Die Bodentruppen fehlten in diesem Szenario. Wenn, dann sah alles nach einer begrenzten Operation aus. Kurz und prägnant, um den Willen zu demonstrieren. Vielleicht zwei, drei oder gar vier Tage lang. Ein Denkzettel halt, um das Regime von Slobodan Milosevic und vielleicht auch die Unabhängigkeitsbewegung des Kosovo zu einem Waffenstillstand und zu neuer Verhandlungsbereitschaft zu bewegen. Und wahrscheinlich wären deutsche Kräfte in einer kurzen, bewaffneten Operation eher nicht beteiligt. Zur Zusammenziehung von Bodenkräften in ausreichendem Umfang war es eh längst zu spät. Die Zeit lief davon.

Umso verblüffender dann die Nachrichten im Morgengrauen des 24. März 1999. Wir waren beinahe 10.000 Kilometer vom Ort des Geschehens entfernt, als die NATO um 19:41 Uhr serbischer Ortszeit mit schweren Luftangriffen begann. Aus einer monatelangen Hängepartie war über Nacht ein ernster Einsatz geworden. Wie war das zu verstehen? War das ein einmaliger Luftschlag? Sollten weitere folgen? Waren unsere Flieger beteiligt? Bestimmt nur als Begleitschutz über der Adria oder auf dem Weg bis an die serbische Grenze. Oder waren sie am Ende sogar tatsächlich beim Waffeneinsatz beteiligt? Nur Selbstverteidigung, vielleicht gegen serbische MIG-29, oder sogar mehr?

Dieser Mittwoch im März 1999 war ein besonderer Tag. Die Atmosphäre war angespannt, ein Knistern lag in der Luft. Die, die konnten, versuchten auf den allgegenwärtigen Übertragungen von CNN ab und an den Hauch eines neuen Sachstandes zu ergattern. Bisher war nur klar, dass die NATO eine Operation begonnen hatte. Von Marschflugkörpern gegen militärische Einrichtungen war die Rede, von Angriffen auf serbische Flugplätze. Keine Verluste auf Seiten der beteiligten NATO-Partner, drei aufgebrachte MIG-29 der Serben, also schienen auch unsere Jungs okay zu sein. Waren sie überhaupt dabei? Nach wie vor keine direkten Nachrichten aus Piacenza. Die Übung Green Flag sollte noch zwei Tage dauern, dann am Sonntag schnell nach Hause. Den meisten war klar, dass es ein sehr kurzer Heimatbesuch werden könnte. Wie kurz – das konnte einem zu diesem Zeitpunkt niemand beantworten.

Inzwischen waren auch Neuigkeiten bezüglich deutscher Beteiligung eingetroffen. Vier Einsatzflüge der ECR-Tornados am ersten Tag, alle wohlauf und sicher nach Piacenza zurückgekehrt. Mehrere Luft-Boden-Raketen zur Bekämpfung von bodengestützten Radaranlagen (HARM) waren verschossen worden. Da war er also, der erste robuste Waffengang deutscher Luftstreitkräfte nach dem Zweiten Weltkrieg. Und am nächsten Tag sollte ein weiterer erfolgen.

Samstagvormittag, den 27. März, ein Nachrichtenbeitrag auf CNN: Unbestätigten Meldungen zur Folge war ein amerikanisches Kampfflugzeug vom Typ F-117 in Serbien abgestürzt. Dazu später verwackelte Bilder einer Amateuraufnahme, die Wrackteile einer schwarzen Maschine mit amerikanischen Hoheitsabzeichen erkennen ließen. Ein Abschuss? Und dann noch eines Stealth-Fliegers, dem Prestige-Objekt der amerikanischen

Luftfahrtindustrie der letzten Jahre, der doch angeblich vom gegnerischen Radar nicht erfasst werden konnte? Auch unter den Amerikanern vor Ort breitete sich Nervosität aus. Eine Mischung aus Bestürzung, Ungläubigkeit und gekränktem Stolz. Die F-117 war beinahe ein Mythos, es war schwer zu glauben, dass ein doch eher als unterlegen eingeschätzter Gegner so einfach eines der modernsten fliegenden Waffensysteme der Neuzeit vom Himmel geholt hatte. War dies nur eine Finte? Propaganda vielleicht? Ein Nachbau aus Holz, der von den Serben zu Propagandazwecken zerstört wurde, um ihn mediengerecht im weltweiten Fernsehen als Erfolg zu präsentieren?

Nach ein paar Stunden dann wenigstens die Meldung, dass der Pilot gerettet und in Sicherheit gebracht werden konnte. Also keine Attrappe. Dennoch, die aktuellen Ereignisse veränderten die allgemeine Wahrnehmung dieser Operation. Zur Betroffenheit, dass es überhaupt zu massiven Luftangriffen gekommen war, mischte sich nun die nüchterne Erkenntnis, dass es wohl mit einer begrenzten Operation nicht getan war. Dies sah eher wie ein langwieriges Kräftemessen aus. Offensichtlich war das serbische Regime nicht bereit, sich dem militärisch untermauerten politischen Willen der Staatengemeinschaft ohne Gegenwehr zu beugen. Hier war mit erheblicher Gegenwehr zu rechnen und die Frage blieb im Raum, ob die serbische Luftabwehr bereits alle Register ihrer Fähigkeiten gezogen hatte. An ein schnelles Ende der Kampfhandlungen war jedenfalls nicht mehr zu denken.

Reise ins Ungewisse

Für die persönliche Lageeinschätzung waren die sporadischen Informationen und Gerüchte nicht sonderlich hilfreich. Jede Neuigkeit wurde gedanklich auf Wahrscheinlichkeit und Tragweite geprüft und zigfach diskutiert. Der Vorfall mit der F-117 war ein deutliches Indiz dafür, dass diese Operation in Ausmaß, Gefährdung und Dauer nicht präzise einzuschätzen war – oder alles Bisherige in den Schatten stellte. Jeden Tag, jede Stunde konnte irgendetwas passieren, im schlimmsten Fall der Verlust von Besatzungen und Flugzeugen. Weiter war man seit Ende des Zweiten Weltkriegs nicht mehr vom Friedensflugbetrieb entfernt; der Auftrag des Einsatzgeschwader 1 (EG 1) der Luftwaffe hieß nicht mehr Ausbildung, sondern Einsatz.

Zumindest waren zwei weitere serbische MIG-29 durch alliierten Jagdschutz abgeschossen worden, mittlerweile also fünf insgesamt. Da durch die NATO nunmehr Einsätze über ganz Serbien geflogen wurden, schien demnach die gegnerische Luftverteidigung mehr und mehr kontrollierbar geworden zu sein. Luftüberlegenheit also. Doch was war mit dem Restrisiko?

Das Restrisiko sollte den Angehörigen des EG 1 recht bald deutlich vor Augen geführt werden. Am Abend des 26. März 1999 hatte die Besatzung einer Zweierformation ECR-Tornado den Auftrag, eine multinationale Luftkriegsoperation in Südserbien zu unterstützen. Die Rotte machte sich wie mittlerweile üblich vom Militärflughafen in Piacenza aus auf den langen Weg über die Adria zum Betankungsluftraum. Ohne besondere Schwierigkeiten gelang auch an diesem Abend das inzwischen jahrelang geübte Tanken in der Luft. Mit jeweils etwa drei Tonnen Kraftstoff – genügend, um ein Einfamilienhaus ein Jahr lang zu beheizen – wurden die Tornados wieder vollgetankt. Dann begann die unangenehme Reise ins Ungewisse.

Von der Vorstellung eines ruhigen Nachtfluges musste man sich unter den gegebenen Umständen naturgemäß lösen. Etwa fünfzig Luftfahrzeuge der NATO teilten sich einen Luftraum der Größe Hessens, eine Durchmischung von taktischen Kampfflugzeugen, Störern, Aufklärern, Tankern und fliegenden Leitstellen. Alle einigermaßen koordiniert und anhand der Vorflugplanung auch irgendwie separiert. Und alle unsichtbar. In der Nacht sind alle Katzen grau. Bewusst wurden sämtliche nicht notwendigen aktiven Strahler ausgeschaltet, das Bordradar, der Radar-Höhenmesser, das Dopplerradar, die Modi der Freund-Feind-Kennung für den Friedensflugbetrieb und – vor allem – die Außenbeleuchtung. Die Nacht war dennoch irgendwie hell, ein strahlender Mond erleuchtete die schneebedeckten Höhenzüge Südserbiens und Montenegros, als sich die Rotte Tornados auf den Weg ins Einsatzgebiet machte.

Die serbischen Flugabwehrraketen SA-6 bei Podgorica waren aktiv. Naja, ein paar Meilen Abstand, unsere Bordgeräte lieferten ganz brauchbare Messwerte. Gut genug, um abschätzen zu können, wie nah man der Bedrohung war. Daran vorbei musste man zur Auftragserfüllung sowieso und eine Bekämpfung dieser Stellung war gemäß Planung nicht vorgesehen. Also wegbleiben und weiter. Ab und zu die Systeme prüfen, ob die Einrichtungen für den elektronischen Kampf noch arbeiteten. In diesem Fall gibt es nichts, was mehr beruhigt als richtig gesetzte Schalter.

Das Flugfunk-Radio war kaum zu ertragen. Es war immens wichtig, die Informations-Funksprüche der beteiligten Flugzeuge und insbesondere von den fliegenden Gefechtsständen, den AWACS, möglichst lückenlos zu verfolgen, um das eigene Lagebild zu aktualisieren. Um weniger anfällig gegen Funk-Störungen zu sein, sprangen die Radios im eigenen Funkkreis nach vorgegebenem Muster auf vielen verschiedenen Frequenzen hin und her. Allerdings produzierten sie dabei selbst sehr viele Störgeräusche, häufiges statisches Knacken, kurzes Rauschen, teilweise auch unangenehmes Pfeifen. Es kam einem so vor, als würde sich die beinahe statisch aufgeladene Spannung der Situation in den Empfängern der Bordradios entladen.

Eine Marter für die Ohren, aber das Radio war unverzichtbar, wollte man nicht völlig von der Außenwelt abgeschnitten sein.

Die Rotte hatte den Kosovo überquert und war südlich von Nis im zugewiesenen Einsatzraum angekommen. Hier sollte etwa zehn Minuten die Position gehalten und die zugewiesene Luftkriegsoperation unterstützt werden. Dazu gehörten Luftangriffe auf die Flugplätze Obvra und Nis sowie Maßnahmen zur Bekämpfung des gegnerischen Luftkriegspotentials am Boden. Andere militärische Flugplätze und Anlagen waren bereits angegriffen worden oder die Angriffe sollten in den nächsten Tagen erfolgen. Bis zu eintausend Flugbewegungen hatte die NATO zur Durchführung der Angriffe beauftragt. Die Frage der fehlenden Legitimation durch die Vereinten Nationen war längst durch das aktuelle Zeitgeschehen überholt worden. Die Intensität der Luftschläge hatte einen ersten Höhepunkt erreicht.

Dreißig Sekunden

Der Einsatz der Tornado-Rotte befand sich in der entscheidenden Phase. War es schon nervenaufreibend genug, sich im zweifelhaften Schutz der Dunkelheit mit einem winzigen Kampfflugzeug in etwa 25.000 Fuß Flughöhe im gegnerischen Luftraum zu bewegen, so war es noch nervenzehrender, die eigene Position durch das Abfeuern einer HARM-Rakete preisgeben zu müssen. Ein zündender Raketenmotor ist kilometerweit zu sehen. Sofort war einem die volle Aufmerksamkeit aller Flugabwehrstellungen im Umkreis sicher. Und natürlich wurde reagiert. Mit Feuer der Flugabwehrkanonen, bei Nacht überdeutlich zu sehen durch Lava rote Leuchtspur-Munition. Zum Glück kamen sie nicht so hoch… zwischen 15.000 und 20.000 Fuß erreichen sie, und die Projektile fielen dann wieder zu Boden… bis auf die größeren

Kaliber, die konnten auch in größeren Höhen Schaden anrichten, waren aber seltener. Um nicht wie eine Tontaube einen vorhersehbaren Flugweg am Himmel zu ziehen, flog man natürlich eine defensive Kurve, um wieder im Schutz der Dunkelheit unterzutauchen. Allerdings sollte man nie die Aerodynamik außer Acht lassen. Kurvenflug in dieser Höhe und bei entsprechendem Gewicht kostet kinetische Energie und man wird langsamer. So langsam, dass man sogar Probleme hat, die Höhe zu halten… Blödes Gefühl. Also… Nachbrenner nutzen, um mehr Schwung zu holen. Wenn man einen Blick über die Schulter wirft, sieht man das Heck des Fliegers in satten Blau- und Gelbtönen erstrahlen. Toller Anblick eigentlich, aber nicht über der gegnerischen Flugabwehr: wieder Flak-Feuer. Klar. Man kommt sich vor wie auf dem Präsentierteller.

Die Rotte hatte den ersten Teil des Auftrages erfüllt. Die HARM-Rakete war zeitgerecht auf den Weg gebracht worden, die Flieger über den Flugplätzen durch einen präventiven HARM-Schuss bestmöglich unterstützt. Luft zum Durchschnaufen, um sich kurz zu sortieren und über die restliche Zeit nachzudenken, die man noch im Einsatzraum zu verbringen hatte.

Plötzlich ein unüberhörbarer Ausruf in einem der Flugzeuge: „O fucking hell!“ Völlig in seine Aufgaben vertieft kam vom Waffensystemoffizier lediglich ein erschrockenes: „Was ist denn los?“ Antwort: „SA-6 unter uns!“ Während der Flugzeugführer bereits begonnen hatte, eine defensive Kurve anzusetzen, versuchte der Waffensystemoffizier, die Situation zu analysieren. Wäre man zu diesem Zeitpunkt mit an Bord gewesen, hätte man auf einem der taktischen Displays sehen können, was geschehen war. Der Tornado befand sich plötzlich mitten im Bedrohungsbereich einer SA-6-Flugabwehrraketenstellung. Sämtliche Hinweise deuteten darauf hin, dass die Stellung schussbereit war. Auf dem Präsentierteller also, deutlich innerhalb des Bekämpfungsbereiches. Der Tonfall der Stimmen der beiden Besatzungsmitglieder ließ erahnen, wie hoch der Adrenalingehalt im Körper wohl mittlerweile sein musste. „Ach du Scheiße! Raus hier! Wir müssen raus hier!"

Auf diese Schussentfernung braucht die radargelenkte Rakete der SA-6 weniger als dreißig Sekunden, um am Ziel zu detonieren. Dreißig Sekunden – nicht viel Zeit, um seine Gedanken zu sortieren und Entscheidungen zu treffen. Das erste, was man in dieser Lage wohl denkt, ist, die eigene Haut zu retten und heil aus der Situation heraus zu kommen. In Luft auflösen geht nicht. Also handeln – aber was und was als erstes? Ausweichen? Klar! Über zehn Meilen – rund zwanzig Kilometer weit – kann die SA-6 immer noch treffen. Dennoch, zehn Meilen zwischen sich und die Radarstellung zu bringen dauert selbst mit einem agilen Kampfflugzeug immer noch länger als eine Minute. Sechzig Sekunden können so verdammt lang sein. Und um mit einem Tornado in dieser Flughöhe eine Kehrtwende zu fliegen, dauert nochmal zwanzig Sekunden, wenn man dabei nicht zu viel Bewegungsenergie verlieren möchte.

Der Waffensystemoffizier löste einen Schutzmechanismus aus, um dem Radar am Boden möglichst viele Falschziele anzubieten. Jeder reagiert ein wenig anders in derartigen Situationen. Da gibt es die, die einen kühlen Kopf bewahren und sich Sekunde für Sekunde der Situation anpassen. Dann den anderen Typ, der wie in Trance Handlungsabläufe abruft und automatisch durchführt. Vieles ist möglich – etwas zu tun ist jedenfalls richtiger als paralysiert abzuwarten. Wer agiert, hat mehr Chancen auf Erfolg als derjenige, der abwartet. Die Aufmerksamkeit gefesselt von der Bedrohung durch das Luftabwehrsystem, schob der Pilot die Leistungshebel auf Vollgas und gab das

Kommando, die Außentanks sowie die noch verbliebene HARM abzusprengen, um das Flugzeug so leicht und wendig wie möglich zu machen. Mit lauten Schlägen lösten sich die Außenlasten und verschwanden in der dunklen Nacht über Südserbien. Gleichzeitig ging der Flugzeugführer in einen Sinkflug über. So war es am leichtesten, Geschwindigkeit zu halten oder gar aufzubauen und gleichzeitig im leichten Kurvenflug der SA-6 den Beschuss zu erschweren. Über 600 Knoten waren mittlerweile angezeigt, der Überschall-Knall wohl in weitem Umkreis zu hören. Immer noch befand sich der Rottenflieger im mutmaßlichen Schussfeld der Flugabwehr.

Viel zu langsam entfernte sich das Flugzeug von der angenommenen Position der Flugabwehrstellung. Mit weit über 600 Knoten und leichten Schlangenlinien waren es inzwischen mehr als 20 Kilometer Abstand geworden; das Schlimmste war erst mal überstanden. Langsam beruhigte sich auch der Puls der beiden Piloten wieder, der Schreck saß allerdings tief in den Knochen. Nach kurzer Überlegung war klar, dass ein Verbleiben im zugewiesenen Luftraum keinen Sinn mehr ergab. Es ging nun darum, die Maschine heil nach Piacenza zu bringen. Durch das Abwehrmanöver und die unerwartet häufige Nutzung des Nachbrenners wurde langsam der Treibstoff knapp. Die Ereignisse hinterließen auch körperlich ihre Spuren. Die außergewöhnliche Anspannung entlud sich in körperlichem Unwohlsein. Plötzlich war alles störend, was nicht angenehm war; der knappe Treibstoff, die Temperatur im Flugzeug, die mentale Belastung des Erlebten. Es ist erstaunlich, wie sehr solche Dinge unter mutmaßlicher Lebensgefahr erst mal völlig nebensächlich werden. Erst in der Entspannung erwachen diese Sinne wieder, der Körper beginnt zu rebellieren, nachdem er so misshandelt und vernachlässigt wurde.

Auch war noch nicht alles überstanden. Noch war man im feindlichen Luftraum unterwegs. Immerhin liefen die Flugzeugsysteme ohne Probleme. Die Triebwerke, alle Systeme und Anlagen waren fehlerfrei. Nur der Treibstoff war knapp geworden. „Wie weit noch zum Tanker?" – „10 Minuten noch. Wir schaffen's!"

Wieder mal ein Hinweis von AWACS: „Magic", so lautet deren Funkrufname, „had a takeoff in Podgorica five minutes ago". Podgorica? Da war auf dem Hinweg die andere SA-6 aktiv. Und gemäß den Informationen der Nachrichtenleute waren dort mindestens noch zwei MIG-29 stationiert. Der Rückweg verlief genauso nahe an Podgorica vorbei wie der Hinweg. Und nun ein nicht identifiziertes Flugzeug hier in der Gegend? Langsam wurde diese Nacht zum Alptraum. Umdrehen oder ausweichen war keine Option, man musste weiter auf diesem südwestlichen Kurs, um an den notwendigen Treibstoff der fliegenden Tankstelle zu gelangen. Keine Alternative möglich. Alles zusammenkneifen und durch. Waren es bisher Minuten, die zur Ewigkeit wurden, so waren es nun die Sekunden, die sich immer länger dehnten.

„Eine MIG-29 vorne rechts", ertönte es. Intuitiv gingen die Leistungshebel wieder auf Vollgas und die Nase des Flugzeuges senkte sich. „Wo hast du denn die MIG gesehen?", fragte der Waffensystemoffizier nervös. „Auf meinem Display", antwortete der Pilot. Nach dem Erlebnis mit der SA-6 stand seine Entscheidung längst fest. So tief und so schnell wie möglich durch und weg. Wenigstens war die Nacht so hell, dass man den schneebedeckten Boden gut erkennen konnte und sich die umliegenden Berge gegen den klaren Himmel abzeichneten. Die Geschwindigkeit war längst wieder jenseits der 600 Knoten, diesmal war der Flieger auch viel leichter als noch vor zwanzig Minuten. Der Flugzeugführer ließ die Maschine mit vollem Nachbrenner bis auf 1000 Fuß sinken – 730 Knoten waren es nunmehr. Bange Sekunden, die sich mühselig zu Minuten zusammensetzten; Meile um Meile flog man dem neutralen Luftraum entgegen. Endlich hatte man die albanische Grenze erreicht. Zeitgefühl gab es da kaum noch, Sekunden wurden zur Ewigkeit. Von der mutmaßlichen MIG-29 war Gott sei Dank nichts mehr gemeldet worden. Zum zweiten Mal glimpflich davongekommen in dieser Nacht, aber immer noch nicht Zeit zum Entspannen. Wie sah es nun mit dem Treibstoff aus? 1750 Kilogramm waren noch vorhanden, ab 600 Kilo oder weniger würde es Probleme mit der Ölkühlung der Getriebe geben. Knappe 1200 Kilo also noch, etwa zwanzig Minuten Zeit, um entweder an einem Tanker aufzufüllen oder ein geeignetes Stück Landebahn zu erreichen. „Bitte hol doch mal das Blatt mit dem Anflugverfahren von Skopje…. Ach, lass es einfach…“. Die Nerven lagen immer noch blank.

Der Rottenflieger schaffte es an den Großtanker. Die Treibstoff-Übernahme klappte rechtzeitig genug, um nicht einen der vorgesehenen Ausweichflugplätze in Süditalien anfliegen zu müssen. Weiter also, über Cervia zurück nach Piacenza. Da die Reichweite durch die bereits abgeworfenen Außentanks wesentlich geringer war als in der ursprünglichen Konfiguration, musste nochmals getankt werden. Diesmal über der Nordadria. Irgendwann dann, mitten in der Nacht, Anflug auf San Damiano; Landevorbereitungen, Klappen und Fahrwerk, nochmal konzentrieren, um die Maschine sauber auf den Boden zu bekommen. Endanflug, Aufsetzen, Schubumkehr. Irgendwann ausrollen und dann der Moment, wenn die Triebwerke abgestellt werden. Der Moment, wenn nach so einem Flug Tonnen von Steinen abfallen, in dem man es als unsagbar angenehm empfindet, das Kabinendach zu öffnen und den frischen Nachtwind im Gesicht zu spüren. Willkommen zurück – alles noch mal gutgegangen: „Herr

Oberst, ich melde die Besatzung vom Einsatzflug zurück".

Es war nicht der einzige Flug dieser Art. Mit fünfhundert Boden-Luft Raketen des Typs SA-6 versuchte das serbische Militär, den überlegenen Luftstreitkräften der internationalen Verbündeten weiteren Schaden zuzufügen – ohne Erfolg. Dennoch konnte man sich nie sicher sein, ob nicht doch einmal alles zusammentreffen würde und man letztendlich den Flug nicht im Flugzeug, sondern am Rettungs-Fallschirm beenden musste. Eine infrarotgelenkte SA-7 hatte kürzlich über West-Serbien eine amerikanische F-16 zum Absturz gebracht. Die Abstrahlzeiten der radargestützten Luftverteidigung reichten allerdings für erfolgreiche Boden-Luft-Raketeneinsätze einfach nicht aus, die ungelenkten Flugkörper gingen meist weit an den Zielen vorbei. Flugabwehrkanonen waren in den oberen Lufträumen ebenfalls ohne Erfolgsaussicht, lediglich die großkalibrige S-60 schoss deutlich über 20.000 Fuß; bei Tag konnte man manchmal dutzende Detonationen der selbstzerlegenden Munition als kleine Rauchschwaden über sich am Himmel erkennen.

Die normative Kraft des Faktischen

Die Tage vergingen. Sobald man drei oder vier Einsatzflüge hinter sich gebracht hatte, stellte sich mentale Gewöhnung ein. Fünf bis sechs Tage fliegen, ein Tag frei. Die Tage selbst vergingen wie im Fluge. Drei bis vier Stunden vor der geplanten Startzeit ging es raus zum Flugplatz. Wetterbericht, Änderungen der Lage, nochmal eine Überarbeitung der Flugplanung. Dann die Vorflugbesprechung, inzwischen Routine. Man war nicht mehr so adrenalingeschwängert beim Umziehen in die Fliegerkombi, beim Ablegen der persönlichen Habseligkeiten, beim Empfang der Zusatzausstattung, der P8 inklusive Munition und schließlich beim Verlassen des Staffelgebäudes.

116

Der Flugbetrieb war inzwischen eher monoton. Ein Gefühl der Unverletzbarkeit schlich sich ins Unterbewusstsein. Manchmal musste man sich zwingen, nicht bei vollem Bewusstsein zu träumen oder zu dämmern. Das durfte nicht sein! Jede Sekunde konnte etwas passieren; ein überraschender Raketen- oder Flak-Treffer; Systemausfall; Triebwerkschaden. Wenn es dem Esel zu wohl wird, geht er aufs Eis. Und spätestens dann gilt „Murphys Law“: Was schief gehen kann, geht irgendwann schief.

Der Erfahrungsschatz und natürlich auch die Zahl der Anekdoten wuchsen. Da war wieder eine: Das zuständige Amt forderte, die unter Bedrohung oder wegen Fehlzündung abgeworfenen Außenlasten über das gängige Verfahren „Verlust von Außenlasten“ abzuwickeln. Sehr witzig. Galt das dann auch für die verschossene Bewaffnung? „Verlust“ war das dann also. Oder die Sache mit dem Auslandsverwendungsgeld, unspektakulär flapsig auch „Muffengage“ genannt. Denn für jeden Tag mit Einsatzflug im gegnerischen Luftraum gab es – aufgrund der höheren Gefährdung – eine zusätzliche Einsatzpauschale. Hmmm…. Manche Flüge dauerten bis nach Mitternacht. Mal sehen, was der Amtsschimmel dazu sagen würde, denn das ließ sich trefflich interpretieren. Und tatsächlich – formell wurden aus einem Flug über Mitternacht zwei Anrechnungsfälle… Gelobt sei die Bürokratie! Manchmal wenigstens. Es ist immer wieder bemerkenswert, welch humorige und doch unterschwellig gallige Art sich Kampfbesatzungen zu eigen machen, wenn sie unter sich sind.

Mittlerweile war es Anfang Mai geworden. Das Einsatzspektrum hatte sich verändert. Die internationale Staatengemeinschaft unter NATO-Führung hatte ernüchtert feststellen müssen, dass ein auf militärische Ziele beschränkter Zielkatalog irgendwann einmal abgearbeitet ist und auch ein zweiter und dritter Angriff auf bereits verlassene Kasernen den Druck auf das Milosevic-Regime nicht weiter erhöhen würden. Bodentruppen waren auch weiterhin nicht als Option geplant worden, da man weder mit der Hartnäckigkeit und Beharrlichkeit der serbischen Führung noch mit einer so langen Einsatzdauer gerechnet hatte. Der Zielkatalog wurde notgedrungen erweitert, die Angriffe richteten sich nunmehr auch auf Bestandteile der zivilen Infrastruktur, um die Moral der Bevölkerung gegen das eigene Führungsregime zu wenden. Kraftwerke, Brücken und Rundfunkstationen waren es nun, die Zahl der Einsätze aller beteiligten Staaten wuchs nochmals auf über eintausend Flüge pro Tag. Der Aufwand war riesig geworden und es war klar, dass es nicht mehr lange so weiter gehen konnte. Im Kosovo war man aus Ermangelung an militärischen Zielen mittlerweile dazu übergegangen, einzelne Panzer der Serben anzugreifen. Diese wiederum gingen vor Kirchen und Schulen, in Dörfern und Gehöften in Stellung und nutzten so geschickt die Selbstverpflichtung der NATO, Kollateralschäden unter allen Umständen zu vermeiden.

Der Charakter der Einsatzflüge für die deutschen Tornados hatte sich geändert. Die Flüge wurden länger und ruhiger, es kam nicht mehr so oft zum Raketenabschuss. Dem Gegner den Willen demonstrieren, ihm klarmachen, dass man Waffen einsetzen würde, wenn er seine Radargeräte nutzt – das sollte nun genügen. Inzwischen war auch jedem klar geworden, dass es eine sehr gute Entscheidung gewesen war, die Einsatzflüge nicht vom Heimatverband aus durchzuführen. Morgens mit der Familie zu frühstücken – dann zehn bis zwölf Stunden in einen ausgewachsenen Luftkrieg abzutauchen – um dann abends wieder so zu tun, als sei alles in Ordnung. Und das Tag für Tag – undenkbar. Lieber vier oder fünf Wochen vor Ort, dann zwei oder drei Wochen Pause und dann wieder los. So konnte man sich deutlich besser auf den

Einsatz konzentrieren. Und es war das Beste für eines der wichtigsten Elemente einer Kampfgemeinschaft: die Kameradschaft.

Tatsächlich vergingen noch einmal beinahe dreißig lange Einsatztage, bis es Anfang Juni 1999 endlich wieder zu politischen Verhandlungen der beteiligten Kontrahenten kommen sollte. Wieder bekam man die neuesten Entwicklungen vor allem aus den Medien mit, aber es schien sich etwas zu bewegen. Angebliche Konsultationen unter der Leitung des finnischen Premierministers Martti Ahtisaari und Gerüchte über ein Einlenken des russischen Unterhändlers Wiktor Tschernomyrdin ließen am 3. Juni 1999 endlich die Hoffnung auf ein Ende der Kampfhandlungen keimen. Nach Abschluss der militärisch-technischen Vereinbarung zwischen der NATO und der serbischen Vertretung in den Verhandlungen von Kumanovo folgte dann ab dem 10. Juni 1999 der Rückzug der serbischen Truppen aus dem Kosovo. Der Flugbetrieb ging weiter, allerdings wurde nicht mehr geschossen. Allgemein machte sich Erleichterung breit, doch die langen Wochen der nervlichen Anspannung hinterließen durchaus ihre Spuren. War es das jetzt? Wie wackelig war diese Vereinbarung? War es ein Täuschungsmanöver der Serben, um weiteren Angriffen zu entgehen und sich zu reorganisieren?

Erst als die ersten Besatzungen nach Deutschland zurückbeordert wurden, ließ auch das Misstrauen nach. Also gut. Wenn's hier nichts mehr zu tun gab, dann wieder nach Hause. Erstaunlich, welche Gedanken einem so im Nachhinein durch den Kopf gehen. Eigentlich nicht schlecht, so ein Einsatzflugbetrieb … elf Flüge in zwölf Tagen, beinahe siebzig Flugstunden. Ein halbes Jahresflugstunden-Soll in nicht mal zwei Wochen! Es war schwer, sich wieder an die Normalität zu gewöhnen. Zu Hause würde es einiges zu tun geben: Rasenmähen war sicher nicht das einzige, was nachzuholen war. „Wie erging es eigentlich inzwischen den Kindern in der Schule? Oh, die Heizung macht Ärger? Naja, wird ja eh grad Sommer". Der Galgenhumor war nach wie vor nicht gewichen. Und eine gehörige Portion Aggressivität auch nicht. Regeln des Alltages einzuhalten war schwer geworden. Das Gefühl der Unverletzbarkeit war ab und an noch vorhanden. Zurück in den Alltag, der eine schneller, der andere langsamer. War man risikobereiter geworden? Wer sich gegnerischer Bedrohung oder gar Bekämpfung aussetzt, muss risikobereit sein. Und es dauert, bis man aus dem mentalen „Warmode" wieder in den Alltag zurückgefunden hat. In dieser Phase reichte manchmal ein Funke, um ein emotionales Feuer zu entfachen.

Der hohe Preis des Friedens

Es erscheint zynisch, angesichts der vielen militärischen und zivilen Opfer dieses Waffengangs über den Erfolg oder Misserfolg der Operation *Allied Force* zu spekulieren. Dennoch spricht die wissenschaftliche Literatur in der Nachbetrachtung und dem Versuch eines Resümees nicht nur über Opferzahlen. Etwa 500 sollen es unter der serbischen Zivilbevölkerung gewesen sein, viele durch „Kollateralschäden". Die Kosten des militärischen Einsatzes der Staatengemeinschaft wurden vonseiten der NATO mit etwa sieben Milliarden Euro veranschlagt, die Kosten für Beseitigung der Schäden sowie für den Wiederaufbau der wirtschaftlichen und zivilen Infrastruktur sogar mit mehr als zwanzig Milliarden Euro – insgesamt also Kosten, die knapp dem Finanzbedarf der Bundeswehr für ein Jahr entsprachen.

Wie soll man das Ergebnis dieses Konfliktes also nun aus persönlicher Sicht bewerten? Aus dem ursprünglichen Ansinnen, durch eine möglichst kurze Operation mit möglichst schmerzhaften Luftschlägen ein politisches

Einlenken des serbischen Regimes herbeizuführen, war ein mehr als elfwöchiger, ausgewachsener Luftkrieg geworden. „Man kann einen Krieg beginnen, aber niemals beenden, wann man will", schrieb vor über 500 Jahren der Politiker und Philosoph Niccolò Machiavelli. Hatten nun erstmals in der Geschichte der modernen Kriegführung die alliierten Luftwaffen allein einen Konflikt entschieden und den Sieg errungen? Auf Bodentruppen hatte man von vornherein verzichtet. Also schon – irgendwie. Man sollte jedoch nicht außer Acht lassen, dass die nachhaltigen Militärschläge aus der Luft nicht nur die innerstaatliche Opposition Serbiens erwachen ließ, sondern vor allem den kosovo-albanischen Kräften die Möglichkeit gab, die serbische Kontrolle des Kosovo zu erodieren. So blieb dem serbischen Machthaber Slobodan Milosevic wohl keine andere Möglichkeit, als sich den Forderungen der Verhandlungen von Kumanovo zu unterwerfen.

Für die Besatzungen der deutschen Tornados und die Angehörigen des EG 1 war es relativ einfach, über Erfolg oder Misserfolg zu diskutieren. Etwa 450 Einsatzflüge waren durchgeführt worden und augenscheinlich war niemand der Geschwader-Angehörigen zu Schaden gekommen. Alle Flüge waren sicher nach Piacenza oder an einen geeigneten Ausweichflugplatz zurückgekehrt, keine eigenen Verluste zu beklagen. Knapp 240 HARMs waren verschossen worden; im zugewiesenen Verantwortungsbereich des EG 1 (Süd-Serbien – Kosovo – Montenegro) war keines der alliierten Flugzeuge durch radargestützte Flugabwehr der Serben zu Schaden gekommen. Das imaginäre Schachspiel „wenn ein Radar genutzt wird, dann hat das Konsequenzen" hatte funktioniert.

Mitte Juni 1999 war der Spuk vorbei. Die Lechfelder Besatzungen des EG 1 konnten weitestgehend wieder zu ihren Familien zurückkehren, es folgte eine Zeit der Besinnung und der Erholung. Waren tatsächlich alle unversehrt? Gab es wirklich keine Narben? Waren auch seelisch alle wohlauf? Ich selbst hatte nach der Rückkehr noch ein paar Wochen die Befürchtung, der Einsatz könnte seine Spuren hinterlassen, mich reizbarer und risikofreudiger gemacht haben. Hatte er wohl kurzfristig auch, für einige Zeit war ich mental ein anderer Mensch. In dieser Phase der Aufarbeitung war es wichtig, wenn man ein positives Resümee dieses Einsatzes ziehen konnte. Das Positivste für mich war: Es gab keine Flüchtlingsströme mehr im Kosovo.

Axel Schneider

Ein besonderer Auftrag: Einsatz als Rüstungskontrollinspektor

Ich darf Sie ganz herzlich willkommen heißen. Sie haben sich entweder bei der Lektüre des Buches bis zu diesem Artikel vorgearbeitet oder aber dieses Thema gezielt aus dem Inhaltsverzeichnis gewählt. Ich lade Sie ein, auf den nächsten Seiten bei mir zu bleiben. Sie finden in meinem Beitrag Informationen und Gedanken zu einer Dienststelle der Bundeswehr, deren Auftrag wenig bekannt ist, und Sie erfahren von meinen Beobachtungen als militärischer Führer, der mit seiner Gruppe in eine Extremsituation geraten ist.

Ich will nicht verhehlen, dass ich selbst erst im Vorfeld meiner Versetzung in das Zentrum für Verifikationsaufgaben der Bundeswehr (ZVBw) begonnen habe, mich mit dieser Dienststelle zu befassen. Bis dahin kultivierte ich klischeehaft die Vorstellung eines verstaubten, verkrusteten und sich selbst genügenden Dienstbereiches, der immer wieder den Dienstbetrieb in den Streitkräften stört, weil russische, ukrainische oder sonstige europäische Inspektionsteams mit nur kurzer Vorwarnzeit die Bundeswehr inspizieren, dabei enorme Ressourcen binden und uns in einem Handlungsfeld fordern, bei dem in der Truppe immer zu wenig Erfahrung und Routine besteht. Sie können sich nach diesen zugegeben flapsigen einleitenden Zeilen denken, dass ich im Laufe meiner Dienstzeit im ZVBw diese Vorstellungen gründlich revidiert habe.

Einige wichtige Informationen

Das ZVBw in Geilenkirchen hat einen einzigartigen

Auftrag. Mit mehr als 180 Angehörigen stellt es nach den Vorgaben des Auswärtigen Amtes und unter Führung des Bundesministeriums der Verteidigung die Umsetzung von 21 Rüstungskontrollverträgen und Abkommen sicher, welche die Bundesrepublik Deutschland mit anderen Staaten und Organisationen abgeschlossen hat. Seine Spezialisten inspizieren zu Land und zu Luft Militäranlagen der Vertragspartner, begleiten ausländische Delegationen, die zur Inspektion nach Deutschland kommen und beraten Nationen weltweit. Der Einfachheit halber nenne ich alle Fachleute, die in der Implementierung und Verifikation zu Land und Luft eingesetzt sind, Inspektoren. Fünf Abteilungen arbeiten eng zusammen, um diesen sehr komplexen Auftrag zu erfüllen.

Die Abteilung Zentrale Rüstungskontrollaufgaben ist eine vertragsübergreifende Querschnittsabteilung. Dreißig Mitarbeiter/-innen bearbeiten die Grundsatzaufgaben für Rüstungskontrollangelegenheiten und leisten Politikberatung für zwei Ministerien. Alle Angelegenheiten der internationalen Kooperation und Länderbewertung liegen in deren Händen. Seit 2013 findet hier die lehrgangsgebundene nationale und internationale Rüstungskontrollausbildung statt. Sie ist eine zunehmend bedeutsame Fähigkeit, die mehr und mehr zu einem Aushängeschild des ZVBw wird.

Die Abteilung Regionale Rüstungskontrolle befasst sich mit der konkreten Umsetzung der konventionellen Rüstungskontrolle in Europa, insbesondere mit dem Vertrag über konventionelle Streitkräfte in Europa (KSE-Vertrag) und dem Wiener Dokument. Diese Abteilung ist wahrscheinlich die am häufigsten wahrgenommene in der Bundeswehr. Viele Truppenteile haben Berührungspunkte mit angewandter Rüstungskontrolle und verfügen über Erfahrungen mit ausländischen Inspektionsteams. Im Gegenzug reisen Mitarbeiter der Abteilung bis in den zentralasiatischen Raum, um die regelmäßig ausgetauschten Informationen zu überprüfen.

Die Abteilung Globale Rüstungs- und Proliferationskontrolle ist für die Implementierung der militärischen Aspekte von 18 Rüstungskontrollabkommen zuständig. Die Abkommen beziehen sich auf die Abschaffung bzw. die Verhinderung der illegalen Proliferation bestimmter Waffen und Munitionsarten. Das Einsatzgebiet der Abteilung umfasst den gesamten Erdball. Die Spezialisten dieser Abteilung haben beispielsweise den Abzug syrischer und libyscher Chemiewaffen sowie die Umsetzung der Aktionsprogramme zur Verhinderung der Proliferation von Klein- und Leichtwaffen beratend begleitet. Die Aufträge dieser Abteilung sind regelmäßig politisch hoch gewichtet.

Die Abteilung Offener Himmel stellt die Umsetzung des Vertrages über den Offenen Himmel sicher. Deren Mitarbeiter führen Beobachtungsflüge über anderen Vertragsstaaten zwischen Vancouver und Wladiwostok durch. Für diesen Auftrag wurde dem ZVBw 2019 ein eigens ausgerüsteter Airbus zur Verfügung gestellt.

Die Abteilung Führung stellt die allgemeine Einsatzbereitschaft des Zentrums für Verifikationsaufgaben der Bundeswehr sicher. Die Abteilung bildet die klassischen Führungsgrundgebiete ab und ist u.a. für die Presse- und Öffentlichkeitsarbeit und die Aus- und Weiterbildung des militärischen Personals verantwortlich. Dolmetscher des Bundessprachenamtes und ein Team des Bundeswehrdienstleistungszentrums machen das „System Rüstungskontrolle" komplett. Sie stellen durch enge Zusammenarbeit mit den Abteilungen sehr schnelle Reaktionszeiten und Flexibilität sicher.

Die Auftragserfüllung in diesem Aufgabenspektrum und die Zusammenarbeit mit dem Auswärtigen Amt und dem Bundesministerium der Verteidigung erzeugen für das ZVBw beträchtliche militärische und politische

Reichweiten. Rüstungskontrolle ist ein Sondergeschäft! Nicht ohne Grund arbeitet daher das ZVBw dem Verteidigungsministerium ohne Zwischenebenen direkt zu. Oft ist es erforderlich, innerhalb weniger Stunden zu reagieren, Personal in Marsch zu setzen und die Spezialisten vor Ort zu dirigieren oder umzuleiten. In sehr kurzer Zeit müssen für beide Ministerien Stellungnahmen zu politischen Aspekten der Rüstungskontrolle erstellt werden, die aus bilateralen Kontakten mit Organisationen wie den Vereinten Nationen, der OSZE, der NATO oder der EU resultieren.

Mit der Krim-Annexion im März 2014 und der sich verschärfenden Lage in der Ost-Ukraine wurde Rüstungskontrolle als Bestandteil deutscher Sicherheitspolitik wieder in den Fokus gerückt. Das war deutlich anders in den Jahren davor. Zwar betonte auch damals die Politik die Wichtigkeit der Rüstungskontrolle; sie fand jedoch eher still und leise im Hintergrund statt. Der politische Schwerpunkt lag eindeutig auf den Auslandseinsätzen der Bundeswehr.

Eine Verwendung im ZVBw erfordert breit gefächerte Fähigkeiten und Kenntnisse. Insbesondere die Inspektoren, die in der Implementierung der Verifikationsaufgaben eingesetzt sind, müssen die gesundheitlichen Standards vergleichbar mit den Einsätzen erfüllen. Sie haben vielfach Vorverwendungen im Attachédienst oder integrierten internationalen Bereich mit militärpolitischem Hintergrund, sprechen oftmals eine Sprache aus dem osteuropäischen Raum und sind je nach Abteilung Spezialisten für Großgerät, Hauptwaffensysteme, Proliferation, Wissenschaft, kooperative Luftbeobachtung im fliegerischen Dienst und Luftauswertung. Nicht wenige hatten schon Vorverwendungen in dieser Dienststelle.

Die Inspektoren setzen den Schwerpunkt ihrer Auftragserfüllung auf Vertrauensbildung durch Offenheit und Transparenz, durch die Erfüllung der Verträge und Abkommen nicht nur nach deren Buchstaben, sondern im Geiste dieser Dokumente. Sie sind alle mit einem Diplomatenpass ausgestattet und genießen den damit verbundenen Schutz. Plakativ beschrieben – und das Auswärtige Amt sehe mir das nach – sind die Mitarbeiter des Zentrums für Verifikationsaufgaben der Bundeswehr „Diplomaten in Uniform".

Bewährung bei Rüstungskontrollmaßnahmen

Oft habe ich mich gefragt, woran es liegen kann, dass deutsche Inspektoren solch ein hohes Ansehen genießen. Ist es die Expertise, die Vertragssicherheit und die damit verbundenen detaillierten Kenntnisse? Das ist sicherlich der Fall. Darüber hinaus sehe ich aber auch, wie sie an Ort und Stelle Handlungsoptionen mit beträchtlichen politischen Anteilen entwickeln und vertreten. Die Inspektoren sind sich darüber im Klaren, welche Auswirkungen ihr Handeln besonders auf politischer Ebene haben kann. Die Grundlagen der Inneren Führung werden hier wirksam. Staatsbürgerlicher Unterricht, Politische Bildung, Erziehung zum Staatsbürger in Uniform, Beteiligung, Information, interkulturelle Kompetenz, ethische und rechtliche Handlungssicherheit und der besondere Wert der Menschenführung kommen hier zur Anwendung.

Das Beachten der Wertekultur Deutschlands und das Bewusstsein des ganzheitlichen Wirkansatzes von Gesellschaft, Politik, Geschichte und Ethik sind in den Soldaten verankert. Sie sind sich bewusst, Angehörige einer Gemeinschaft zu sein, die Werte und Risiken teilt. Sie richten diplomatisch ihr Handeln danach aus, oft unbewusst und in der Überzeugung, das Richtige zu tun. Damit bleiben Türen offen, Rückwege aus Krisen werden vorbereitet und begehbar gemacht. Unser Verifikationspersonal – Soldaten aller Ebenen – leistet hier seinen Beitrag für den

Erhalt von Sicherheit und Frieden. Im internationalen Rahmen, als der Vertreter der Bundesrepublik, erfassen sie die Lage vor Ort sehr schnell und ordnen sie in den Kontext der deutschen Sicherheitspolitik ein. Insbesondere in strittigen Lagen – als vertragssichere Experten – lösen sie sehr erfolgreich Probleme und meistern Herausforderungen.

Verifikation in einer Extremsituation

Als Inspektor des ZVBw in eine Extremsituation zu geraten, die sich aus dem Auftrag ergibt, ist eigentlich ausgeschlossen, kann dennoch jederzeit passieren. Vertrauensbildung, Offenheit, Transparenz, Kooperation, Handeln im Geiste der Abkommen und Verträge sind Merkmale von Sicherheitspolitik und Rüstungskontrolle, die Eskalationen verhindern und den Teufelskreis der Instabilität, unter anderem gebildet aus Misstrauen und Hochrüstung, aufbrechen können. Das dient der Prävention von Krisen.

Bricht eine Krise aus, sind die Handlungsmöglichkeiten für Rüstungskontrolle wahrscheinlich erheblich eingeschränkt, nachgeordnet, möglicherweise sogar falsch. Der Vorwurf der Nachrichtengewinnung, der verdeckten Informationsbeschaffung steht dann schnell im Raum; Gewonnenes ist schnell zerstört; es kann nahezu unwiederbringlich verloren sein. Rüstungskontrollpersonal wird in Phasen der Eskalationen, des Krieges oder der kriegsähnlichen Auseinandersetzung nicht vor Ort sein.

Aus diesem Grund gab es seit der Indienststellung des ZVBw im Jahr 1991 keine vorbereitende Ausbildung für Verhalten in Extremsituationen. Das Personal zehrte bestenfalls von der bisherigen Ausbildung, und wenn Einsatzerfahrungen existierten, von Abschnitten der einsatzvorbereitenden Ausbildung oder unmittelbaren Erlebnissen aus den Einsatzgebieten.

Das in der Rüstungskontrolle eingesetzte Personal führt die Maßnahmen in Uniform, allerdings ohne Waffen oder sonstige Gefechtsausrüstung durch. Sie bewegen sich in ungepanzerten und besonders gekennzeichneten Kraftfahrzeugen, die sichtbar machen, dass sich ein Inspektorenteam im Land bewegt. Darüber hinaus ist ihre Anwesenheit allen Teilnehmerstaaten der jeweiligen Verträge und Abkommen bekannt, weil es in den Kommunikationsnetzen angezeigt wird. Ausgestattet mit Diplomatenpass und unter dem Schutz dieser Abkommen und Verträge sollte die Sicherheit des Personals jederzeit gewährleistet sein. Es kann eigentlich nichts passieren!

Es passierte dann doch: In der Osterwoche 2014 geriet das internationale Inspektorenteam, das unter meiner Führung stand, in der Ost-Ukraine für neun Tage in Geiselhaft. Das ukrainische Begleitteam wurde gemeinsam mit dem internationalen Team entführt. Die Geiselgruppe bestand aus 13 Personen aus sechs Nationen. Alle Teammitglieder waren Soldaten; unser Dolmetscher war Offizier der Reserve und damit Kenner der inneren Abläufe soldatischer Gemeinschaften.

Die Gruppe war sehr hohem Druck ausgesetzt. Aufgrund der Unberechenbarkeit der Geiselnehmer und der Eskalation der Gefechtshandlungen zwischen ukrainischen Sicherheitskräften und Separatisten war das Leben der Geiseln ernsthaft gefährdet. Verschärfend kam hinzu, dass die ukrainischen Offiziere in den Augen der Geiselnehmer der klassische Feind schlechthin waren. Bis zu unserer Freilassung fürchteten diese Offiziere noch stärker um ihr Leben als die internationalen Inspektoren. Ab sofort war es wichtig, sie unter den besonderen Schutz der Gruppe zu stellen und eine Trennung von den internationalen Inspektoren zu verhindern.

Unsere Annahme, dass unsere Regierungen beträchtliche Anstrengungen unternahmen, um unsere Freilassung zu erwirken, bestätigte sich spät. Kenntnis darüber erlangten wir von einem OSZE-Unterhändler, der uns nach drei Tagen aufgespürt hat und mit den Geiselnehmern die Verhandlungen führte.

Damit war uns allen klar, dass wir unser Verhalten anpassen mussten, um den politischen Anstrengungen nicht zu schaden. Eine Flucht war aus diesem Grund keine Option. Wir vertrauten darauf, dass unsere Freilassung durch Verhandlungen erreicht werden kann. Wir wussten aber auch, dass unsere Regierungen kein Lösegeld zahlen werden. Das Ziel war die bedingungslose Freilassung. Also richteten wir uns auf eine lange Gefangenschaft ein.

Eine weitere Erschwernis bildete sich begleitend heraus: Bis zu unserer Entführung war die Inspektion von den Medien in der Ukraine und auch in Deutschland begleitet worden. Mit der Geiselnahme aber war unser Team weltweit in den Schlagzeilen. Am dritten Tag der Gefangenschaft wurden wir in einer organisierten Medienkonferenz „vorgeführt". Damit waren unsere Identitäten öffentlich. Für uns kam es darauf an, den Medien keinen Anlass für eine möglicherweise provokante Berichterstattung zu geben, die den Erfolg der Freilassungsbemühungen oder unsere Sicherheit gefährden könnten. Wir wollten keine Gründe liefern, die uns als Kriegsgefangene, Söldner, Spione, westliche Operateure oder andere krude Bezeichnungen darstellen könnten.

Eine sehr hohe Anforderung bestand darin, mit der hohen Komplexität der Lage und dem daraus resultierenden Unerwartetem umzugehen. Nicht nur die Dichte an Informationen, sondern unsere Emotionen machten uns mehr als erwartet zu schaffen. Hier war wichtig, unter Druck entscheidungsfähig zu bleiben. Auch eine Geiselgruppe erfordert, in ihr Führung auszuüben und die Rolle in dieser besonderen Lage zu besetzen, in der Befehl und Gehorsam mal nicht eben per se durchzusetzen sind.

Ich musste dazu die Fähigkeiten und Persönlichkeiten des Einzelnen wirksam werden lassen und Unterschiede als Chance begreifen. Ich habe dabei sehr deutlich erkannt, dass Einstimmigkeit nicht immer ein gutes Zeichen ist, dass sie zu hinterfragen ist. Ich kann an dieser Stelle versichern, dass es den einsamen Führer und Entscheider in dieser Lage nicht gab. Ich kann ebenso versichern, dass dies meiner Rolle als Führer keinen Abbruch getan hat – trotz der immerwährenden, mitunter sehr kritischen Betrachtung meines Führungsverhaltens und der internen kontroversen Auseinandersetzungen.

Im gemeinsamen Abwägen der Möglichkeiten, bei den vielen kleinen Absprachen, die wir ständig getroffen haben, hatte jeder Beitrag sein Gewicht, jede Stimme wurde gehört. Danach habe ich Entschlüsse gefasst und gehandelt. Vertrauen herzustellen ist der Schlüssel für ein erfolgreiches Überstehen und Meistern einer solchen Extremsituation. Ich beschreibe hier in wenigen Zeilen einen Prozess, der wie eine Binse klingt, mich aber als Führer der Geiselgruppe vollständig vereinnahmt hat und mich heute noch beschäftigt.

Eine für mich in diesem Zusammenhang besondere Erfahrung muss noch genannt werden: Der Erhalt der Entscheidungsfähigkeit hängt von der körperlichen Fitness ab. Die gute körperliche Verfassung und das eigene Bewusstsein darüber – das eigene Körpergefühl – verliehen mir die Fähigkeit, Schlafentzug auszuhalten, Kälte und Hunger zu ertragen, eigene Gereiztheit zu unterdrücken, lange stehen zu bleiben, sich zu jedem Zeitpunkt aufrichten und dem Druck der Verantwortung standhalten zu können. Die physische Fitness – unabhängig von Alter und Geschlecht – strahlt aus, auch dem Geiselnehmer gegenüber. Letztlich wusste ich, dass ich immer einen lebensrettenden Klimmzug, Sprung, Faustschlag oder Tritt hinkriege.

Ein erheblicher Vorteil war, dass alle Geiseln Soldaten waren. Der Kodex des soldatischen Handelns und des Grundverständnisses funktionierte bei den hier betroffenen Soldaten trotz der verschiedenen Herkunftsländer sehr gut. Der Appell, in jedem Fall Haltung zu wahren, zündete. Für die innere Ordnung der Gruppe war das von großer Bedeutung. Es erleichterte mir die Führung des Teams beträchtlich. Ich möchte hier auch herausstellen: Jeder Angehörige der Gruppe war ein erstklassiger Vertreter seiner Streitkräfte. Sie sind die Helden!

Eine Extremsituation wie diese Geiselnahme enthüllt in großem Maße das Wesen und die Persönlichkeitsmerkmale aller Teammitglieder, auch von mir selbst. Ich bin für alle anderen ein offenes Buch, und sie sind es für mich. Damit muss jeder umgehen, der Teamchef besonders. Die Facetten, die sichtbar werden, sind unzählbar und verknüpfen sich dynamisch zwischen Individuen, zum Teil in nicht vorhersehbarer Heftigkeit, oft mit dem Anspruch, sofort von höchster Priorität zu sein. Aus ihnen werden Prozesse, die mitunter lange resident bleiben. Ein fehlender Händedruck, ein ignorierter Kommentar, ein von mir zu schnell weggewischter Einwand; das sind die Fehler, die geschehen und Gewicht bekommen. Die Steuerung dieser Kommunikationsprozesse nimmt enorm viel Zeit in Anspruch, hat jedoch zentrale Bedeutung. Das kann nur der Teamchef machen. Das bindet ihn rund um die Uhr. Es ist seine Verantwortung und die ist unteilbar.

Verantwortung ist unteilbar! Diese Aussage begleitet mich, seitdem ich in der Bundeswehr zum Führer und Vorgesetzten ausgebildet wurde. Dem Leitsatz weicht man nicht aus, wenn man Anführer sein will. Das spürt das Team, und es hat in unserer Lage funktioniert.

Alles, was die Lage erleichtert, wird genutzt, eingesetzt, angewendet. Eine besondere Rolle spielte in diesen Tagen übrigens der Glaube. Ich konnte beobachten, wie der

Einzelne seine innere Einkehr fand. Die ukrainischen Offiziere baten um eine Marien-Ikone, um beten zu können. Diese Ikone bekam in unserem Gefängnis einen besonderen Platz. Ich bin der festen Überzeugung, dass Glaube den psychischen Druck enorm lindern kann. Bei mir war es so.

Die Ikone war das einzige, was ich bei der Freilassung mitgenommen habe. Sie befindet sich heute noch in meinem Besitz.

Fürsorge und Familie

Am 3. Mai 2014 wurden wir freigelassen. Ein Team aus Russland unter Führung von Wladimir Lukin erschien in unserem Gefängnis und teilte uns mit, dass unsere Freilassung bevorstünde. Unter Ausnutzung des Geländes führten uns die Russen durch die mittlerweile zur Kampfzone gewordene Region und übergaben uns unter medialer Begleitung im freien Gelände den Vertretern der betroffenen Nationen und der OSZE. Ich bin noch heute fassungslos darüber, wie haarsträubend unorganisiert und lebensgefährlich unser Rückmarsch war. Selbst unter Führung eines sehr hohen russischen Diplomaten noch unter Beschuss zu geraten, damit hatte ich nicht gerechnet.

Danach wurde für uns sichtbar, welch ein dichtes Netz gespannt worden war, um uns frei zu bekommen. Die Rückführung nach Deutschland verlief störungsfrei. Die Bundeswehr hat uns und unsere Familien sehr wirkungsvoll betreut und uns damit sehr geholfen. Ich möchte ausdrücklich feststellen: die Angehörigen der Bundeswehr können sich auch in Extremsituationen auf ihr Land verlassen.

Der Nachlauf war beträchtlich. Medizinische Erstversorgung, Abschirmung der Familien nach der Zusammenführung, Nachbereitungsseminare mit allen Teammitgliedern, Schadensregulierung und Seelsorge, aber auch Vernehmungen und Anhörungen.

Die Geiselnahme war eine enorme Belastung. Sie hatte das Potenzial, zu einem Trauma auszuwachsen und zu einer posttraumatischen Belastungsstörung zu werden. Die Mitarbeiter des psychologischen Dienstes der Bundeswehr stehen allen Betroffenen – auch den Familienmitgliedern – auf unbestimmte Zeit zur Verfügung. Sie sind eine wertvolle Unterstützung, denn Betroffene können sich nicht selbst therapieren. Mit Bordmitteln allein geht es nicht; sie sind auf professionelle Hilfe angewiesen. Die Unterstützungsleistungen durch Familienbetreuungszentren, Berater der Polizei, Seelsorger, Kommandeur und Bundesministerin waren umfangreich und überaus hilfreich. Sie alle können sich unserer tiefen Dankbarkeit sicher sein – wir werden das nicht vergessen.

Ein solches Ereignis trifft die Familien mit voller Wucht. Die Familien durchliefen keine Führerausbildung, sie haben niemals an einsatzvorbereitenden Ausbildungen teilgenommen. Sie sind nicht mit dem Konzept der Inneren Führung aufgewachsen und besitzen keinen Grundstock, der sie in einer solchen Krise robust macht. Besonders in dieser Lage und mit der Öffentlichkeit, die durch die erzwungene Pressekonferenz hergestellt wurde, gerieten unsere Familien in Deutschland unter großen Druck. Die Krise in der Ukraine – Tausende von Kilometern entfernt von Deutschland – bekommt mit einem Mal ein Gesicht, nämlich das des Mannes aus der Pressekonferenz; damit ist die Nachricht in der familiären Nachbarschaft, im Dorf, in der Verwandtschaft, der Arbeitsstelle oder in der Schule bekannt. Die Ehefrauen stehen dann in der ersten Phase allein da. Eine Erkenntnis, die im Nachhinein besonders schmerzt.

Und in der Geiselhaft bestimmen die Gedanken an die Familie das Denken und Handeln jedes Einzelnen. Die

Sorge um die Frau und die Kinder, der Gedanke, dass sie unter der Ungewissheit leiden, überstrahlt das eigene Schicksal und die Angst, selbst zu Schaden zu kommen. In Momenten höchster Not dachte ich zuerst an meine Kinder. Von dem Unterhändler wusste ich, dass unsere Familien von Anfang an betreut wurden. Es war allen Teammitgliedern am wichtigsten zu wissen, dass die Familien informiert und nicht allein gelassen werden. Diese Information hat alle in der Geiselgruppe enorm beruhigt.

„Lessons Learned"

Im ZVBw wurden seit dem Ereignis erhebliche Anstrengungen unternommen, die Inspektoren besser auf das Bestehen solcher Lagen vorzubereiten. Wir haben festgestellt, dass wir häufig Inspektoren in Länder entsenden, die hohes Gefährdungspotenzial haben und dort der Schutz des Diplomatenpasses nicht ausreichen wird. Kein Inspektor geht mehr in eine vergleichbare Maßnahme ohne Vorausbildung. Die Ablaufpläne für Notfälle wurden überarbeitet, alle Zuständigkeiten mit den höheren Kommandobehörden und Ministerien überprüft. Die Auseinandersetzung mit dem Thema schärfte die Sinne aller Angehörigen. Kein Angehöriger verfährt mehr nach dem Motto: „Kann mir nicht passieren."

Artur Schwitalla

Was mein Leben wert ist

Irgendwo in Badakhshan morgens um drei Uhr vierzig. Über Roshan, Afghanistans größtem Netzbetreiber für Mobilfunktelefone, hören wir folgendes Gespräch:

A: „Hallo, wie geht es dir?

B: Mir wird es so lange schlecht gehen, bis ich eine gute Nachricht von dir höre.

A: Ich bin ja in der Vorbereitung.

B: Das wird heute unser letztes Gespräch sein. Wie lange muss ich noch auf eine positive Nachricht warten?

A: Nicht mehr lange.

B: Deine Arbeit wird in Badakhshan Schule machen. Wichtig ist, dass sie in den Medien verbreitet wird. Alle Kameraden warten auf eine gute Nachricht von dir. Deine Arbeit ist für Gott, sie ist in Gottes Namen.

A: Als ein guter Muslim kann ich dir versichern, meinen Teil des Versprechens einzuhalten.

B: Ja, ich weiß.

A: Wo befindest du dich jetzt?

B: Ich bin ganz nah bei dir. Zu deiner Sicherheit. Möge Gott dich zum Erfolg führen. Wir beten und machen Nafel. (Ein Sondergebet)

A: Ich danke euch für Nafel.

B: Der Führer kommt vielleicht zu den Reiterspielen nicht raus. Dann musst du den Ausländern das Brot drinnen reichen. Reiche ihnen das Brot in ihren Büros. Fahre dazu durch das große Tor. Das ist der kürzeste Weg. Aber dort sind auch Wachen und Sperren. Also fahre mit sehr hoher Geschwindigkeit und versuch so weit wie möglich zu kommen. Wenn wir den Führer nicht bekommen, musst du so viel Ausländer wie möglich mitnehmen.

A: Ich mache es, wie ihr es wollt, aber sorgt für meine Familie.

B: Ich spende dir Trost und sage dir, dass wir unsere Versprechungen halten werden.

A: Enschallah.

B: Aber es muss bis morgen Abend passieren. Und wir werden in den Medien deinen Namen nennen, immer wieder deinen Namen nennen und Allah wird ihn auch hören. In der Welt ist alles vergänglich. Aber da, wo du heute oder morgen hingehst, wird Gott dich belohnen, denn das ist der Himmel.

A: Danke.

B: Aber es muss schnell passieren. Noch sind die Straßen frei von Schnee und Kälte. Gott kann nicht länger warten. Und unsere Freunde in Pakistan auch nicht.

A: Ja, aber denkt an eure Versprechen.

B: Wir beten jetzt für dich. Denk daran, dass wir dich unterstützen können. Aus der Ferne haben wir die Aktion auch noch im Griff. Wir beobachten alles vom Berg mit der Antenne.

A: Vertraut mir, ich mache es allein.

B: Sage es uns aber rechtzeitig, denn wenn wir es nicht wissen, können wir es nicht filmen und es macht keinen Spaß.

A: ……………....

B: Auch die Medien müssen es dann wissen. Enschallah, ich habe große Hoffnung. Gott sei mit dir.“

Das Gespräch bricht ab.

Hier sprach der Führer einer Talibanzelle mit einem Selbstmordattentäter. Das Brot, von dem er sprach, war

Sprengstoff. Beide waren in der gleichen Region, und offensichtlich präparierte sich der Attentäter für einen Anschlag innerhalb der nächsten beiden Tage. Die Quelle war sehr glaubhaft, da der Hinweis gegeben wurde, „seine Arbeit werde in Badakhshan Schule machen". Tatsächlich gab es bis dahin noch keine Selbstmordattentäter in der Provinz. Das wäre somit eine neue Qualität der Bedrohung. Die Absicht, solche Anschläge medienwirksam durchzuführen, verfolgen alle Talibanzellen. Meist ist der Anschlagsort so gewählt, dass die eigenen Kräfte aus einigen hundert Metern Entfernung zuschauen können und den Anschlag mit einer Videokamera dokumentieren. Das Video wird anschließend an den meistbietenden Fernsehsender verkauft. So erzielen sie Geld und Werbung zugleich.

Selbstmordattentäter kann man in der Regel nur religiös motivieren. Die Wertschätzung Allahs, der Platz im Himmel, aber auch der feste Glaube daran, dass man sich auf Erden um die eigene Familie kümmert, sind die zentralen Lockmittel für überwiegend junge Fanatiker, die meistens kurz zuvor in einer Koranschule „überzeugt" wurden. Ein Selbstmordattentäter kann fünf- bis zwanzigtausend US-Dollar für seinen Selbstmordanschlag erhalten. Das hängt von der Wichtigkeit und Bedeutung seines Opfers ab. Mit diesem Geld kann seine Familie in Badakhshan jahrelang überleben. Damit steigt er in der Wertschätzung seiner eigenen Familie zum Helden auf. Das motiviert zusätzlich. Trotzdem kann man einen solchen Menschen nur eine begrenzte Zeit so unter Spannung halten, dass er für all diese „Argumente" bereit ist, sein Leben zu geben. Wie schließen die Taliban also aus, dass er nicht doch in letzter Sekunde Zweifel oder Angst bekommt?

Jeder Selbstmordmechanismus, sei es ein Sprengstoffgürtel direkt am Körper oder bei größeren Anschlägen ein mit Sprengstoff befülltes Auto, hat einen zweiten Zünder.

Versagen dem Attentäter die Nerven in letzter Sekunde oder wird der Attentäter entdeckt oder unschädlich gemacht, so zünden seine Freunde aus der Ferne, meist mit einem Handy oder einer Art Fernbedienung. Einen solchen Anschlag durchzuführen, erfordert viel planerische, organisatorische und logistische Vorbereitung. Sie geht meist über mehrere Wochen und bindet alle Kräfte einer Zelle. Und deswegen muss ein solcher Anschlag auch mit einem Erfolg enden. Gibt es Tote und Verwundete beim Gegner, so wird der Anschlag im Netzwerk der Taliban werbeträchtig ausgeschlachtet. Das Video wird weltweit ins Netz gestellt. War er jedoch ein Fehlschlag oder entstand nur Sachschaden, wird die gegnerische Presse beschuldigt, zu lügen und die Toten verheimlichen zu wollen. Eine weit entfernt vom Netzwerk operierende Talibanzelle wie die in Badakhshan ist immer zum Erfolg verdammt!

Um viertel nach Sieben zu Dienstbeginn erreicht mich dann auch tatsächlich die Meldung, dass ein Anschlag während des seit vier Tagen stattfindenden Buzkashi-Turniers durch einen Selbstmordattentäter geplant ist. Für die praktische Durchführung steht ein aus Pakistan eingereister Junge, der frisch aus einer Koranschule kam, zur Verfügung. Die Aktion wurde von der lokalen Talibanzelle geplant und ist bereits mit dem Veranstalter des regionalen Reiterfestes, dem lokalen Machthaber Shah Mohammad, abgestimmt. Sie soll nur gegen ein Hochwertziel ausgeführt werden.

Ein Buzkashiturnier ist ein traditionelles persisches Reiterspiel mit einer Ziege als Spielgerät (Buz: die Ziege, kashi: ergreifen). Ziel ist es, aus vollem Galopp den Tierkörper, der in einem zwei Meter großen Kreis liegt, zu ergreifen, mit diesem quer über den Turnierplatz zu reiten und ihn anschließend in einem anderen Kreis unmittelbar vor dem Schirmherrn und den Juroren wieder abzulegen.

Der Haken an der Sache ist, dass das zeitgleich – je nach Größe und Bedeutung des Turniers – zwanzig bis einhundert Reiter wollen. Hier kämpft jeder gegen jeden, es gibt keine Regeln, alles ist erlaubt. Der züchtigende Hieb mit der Reitpeitsche auf den Gegner ist ebenso an der Tagesordnung wie das Durchschneiden der Zügel. Der Gewinn eines Buzkaski-Turniers ist mit hohem Prestigegewinn und einem wertvollen Preis verbunden, wie etwa einem Gewehr oder einem Pferd. Wird dieser Reiterwettkampf als Mannschaftsspiel ausgetragen und treten damit Mannschaften unterschiedlicher Distrikte gegeneinander an, so gibt es keinen wertvolleren Preis, als im Falle eines Sieges die Fahne des Gastgeberdistriktes als Beute nach Hause entführen zu dürfen. Zu Zeiten des Krieges gegen die Russen wurde übrigens keine Ziege als Spielgerät verwendet, sondern der Leichnam eines russischen Soldaten. Doch zurück zum Selbstmordanschlag.

Es ist vorgesehen, das Hochwertziel als Ehrengast zu diesem Kulturereignis einzuladen und auf der Fahrt dorthin auf der einzigen Einfallstraße in die Neustadt von Feyzabad durch ein mit circa fünfzig Kilogramm Sprengstoff gespicktes Auto in die Luft zu sprengen. Wir informieren zunächst die Polizei über unsere Erkenntnisse, jedoch nur einen ausgesuchten Personenkreis, denn viele Polizeibeamte sind bestechlich. Unsere weiteren Quellen finden durch Gesprächsaufklärung und „Bestechung" heraus, in welcher Autowerkstatt das Auto präpariert wurde. Leider bleiben uns Typ und Farbe des Autos lange verborgen. Wir wissen also nicht, wo und nach was wir suchen müssen. Wir wissen nur, dass wir suchen müssen, und zwar schnell.

Shah Mohammad lädt mich für den nächsten Tag zum Buzkashifest ein. Die Wahrscheinlichkeit, dass ich eines der Ziele darstelle, wird mit dieser Einladung schlagartig größer. Da ich weder Regeln noch Ablauf solcher Spiele kenne, hinterfrage ich alles, nicht zuletzt, um mit diesen Informationen vielleicht den geplanten Ort oder die beabsichtigte Zeit für das Attentat erkennen oder zumindest doch weiter eingrenzen zu können. Allgemein seien die spannendsten Ritte so zwischen ein und vier Uhr nachmittags, so sagt er. Ich sage der Einladung zu.

Damit konnte meine Anfahrt von der Gegenseite genauestens geplant werden. Da es nur eine Straße zur Innenstadt gibt und der Zeitrahmen meines Erscheinens durch die Turnierfolge mehr oder weniger vorgegeben ist, ist fast bis auf die Minute auszurechnen, wann ich mich wohin bewegen werde. Zudem sind meine gepanzerten Autos sehr auffällig, da es sie in der ganzen Provinz nur einmal gibt. Krampfhaft suchen wir nach Lösungsansätzen. Wie verstärken wir den Panzerschutz unserer sowieso schon gepanzerten Autos gegen fünfzig Kilogramm Sprengstoff? Mit der normalen Panzerung bietet er Schutz gegen maximal sechs Kilogramm Sprengstoff, mit zusätzlich anzuschweißenden Platten kann man den Schutz vielleicht auf acht bis zehn Kilogramm erhöhen. Aber gegen 50 Kilogramm? Sollen wir überhaupt noch das Lager verlassen? Wer kommt als Hochwertziel in Frage? Ist es vielleicht der in der Kriminellenszene gefürchtete Polizeichef, bin ich es oder gibt es eine Fehde zwischen rivalisierenden Clans und Banden? Müssen wir unser Verhalten ändern? Gefährde ich, wenn ich selbst das Lager nicht verlasse und somit nicht eines der gewünschten Ziele biete, andere Soldaten meines Wiederaufbauteams, weil der Selbstmordattentäter unter zeitlichem Zugzwang steht und damit dann jedes Ziel von uns angreifen könnte? Schließlich gab es in dem Telefonat einen deutlichen Hinweis darauf, wie der Attentäter sich verhalten soll, wenn man den „Führer" nicht erwischen kann.

Die Suche nach dem Sprengstoffauto bleibt bis zum nächsten Tag erfolglos. Wir nutzen diese Zeit, um alle

Lagereinfahrten mit Sperren, Nagelbrettern, Gegengewichten und flankierenden Scharfschützen zu verstärken. Zum Glück liegt das Feldlager in einem offenen Tal mit sehr guten Sichtmöglichkeiten, in dem jede Kfz-Bewegung kilometerweit einsehbar ist. Und da das gesamte Lager im 360°-Radius mit Nachtsichtgeräten ausgestattet ist, gilt das auch für die Dunkelheit. Außerdem hat die Besatzung inzwischen so viel Routine, dass sie genau weiß, welches Auto wo hingehört und welches auffällig ist. Daher liegt der Schwerpunkt unserer Gedanken nicht beim Schutz der Soldaten im Feldlager. Es geht um die Soldaten, die das Lager verlassen müssen.

Um zur vereinbarten Zeit pünktlich in der Stadt zu sein, fahre ich um halb eins im Feldlager los. Alles ist wie immer. Ich steige vor dem Stabsgebäude ein, habe meine Splitterschutzweste an, mein *Close Protection Team* begleitet mich. Wie immer werden wir bei diesen Vorbereitungen von lokalen Tagelöhnern beobachtet, von denen sicher jeder Zehnte ein Handy unter seinem weiten Gewand trägt, um völlig unauffällig seinem Clanchef von unseren Handlungen zu berichten. An diesem Tag dürfte die Information, dass ich im Auto sitze und gerade losfahren will, dem meldenden Tagelöhner sicherlich zwanzig Dollar eingebracht haben. Das ist so viel, wie er sonst an drei Tagen bei uns verdient. Ich steige also wie immer in meinen gepanzerten Jeep ein, die mich stets begleitenden Personen wie das *Close Protection Team*, mein Adjutant, der Sprachmittler und der Rettungsassistent steigen ebenfalls in ihre Fahrzeuge, und schon fahren wir aus dem Haupttor heraus. Da auch die etwa achtzig lokalen Lagerwachen im äußeren Ring unseres Feldlagers zum Clan des Shah Mohammad gehören, konnten wir davon ausgehen, dass er telefonisch über meine Abfahrt informiert wurde. Keiner weiß allerdings, dass wir nur eine Scheinfahrt durchführen. Gut vierhundert Meter von der Lagermauer entfernt fällt das Gelände so ab, dass unsere Autos in einer Senke verschwinden und nicht mehr einsehbar sind. Alle Tagelöhner und Lagerwachen müssen also davon ausgehen, dass wir weitergefahren sind und uns auf dem Weg in die Innenstadt befinden, um so irgendwann auch auf das Sprengstoffauto zu treffen. Wir hoffen, dass die Information über unsere Abfahrt das Startsignal für das Sprengstoffauto ist, um uns von der Neustadt in Feyzabad die zehn Kilometer bis zum Feldlager langsam entgegen zu kommen. Da einer der Anrufer in seinem Gespräch darauf hingewiesen hatte, dass das Attentat medienwirksam ausgeführt werden soll und die „Freunde" vom Berg mit der Antenne zugucken, fokussiert sich unser Interesse auf die letzten vier Kilometer im Zuge der Straße 302 bis zum westlichen Stadttor. Diese sind von Antenna-Hill, einem Berg, auf dem unser Radiomast steht, einsehbar und für das Drehen eines Videos gut geeignet. Außerdem wäre hier auch eine Zündung mit Fernbedienung möglich.

Bei fünfzig Kilogramm Sprengstoff ist von einem größeren Kollateralschaden für die Umgebung auszugehen. Meine Sprengstoffspezialisten schätzen, dass alles Ungeschützte im Umkreis von einhundert Metern lebensgefährlich verletzt wird. Wir müssen also das Selbstmordattentäterfahrzeug möglichst weit aus der Stadt herauslocken, um die Gefährdung für die einheimische Bevölkerung so gering wie möglich zu halten.

Selbstmordattentäter sind, wie ich schon erwähnte, immer durch einen zweiten Zündmechanismus abgesichert. Damit diese Fernzündung funktioniert, muss der Sprengsatz bereits früh eine gewisse Zündbereitschaft besitzen, also auf scharf gestellt sein. Und das genau ist unsere Chance! Für ein genau definiertes Zeitfenster haben wir einen so genannten Jammer zur Verfügung, ein *Counter Improvised Explosive Device*, und zwar als Flugzeug. Dieses ist in der Lage, aus der Luft jede Sprengfalle, die eine solche

Zündbereitschaft besitzt, zu erkennen und aus der Ferne zur Detonation zu bringen. Der Attentäter kann dagegen nichts machen.

Leider funktioniert unser Plan an diesem Tag nicht. Alles war gut vorbereitet, die Täuschung war gelungen, und dennoch haben wir das Auto nicht identifizieren oder unschädlich machen können. Den Grund dafür erfuhren wir erst später.

Ich war mit langsamem Tempo, für Späher nicht einsehbar, auf der Anfahrt in die Innenstadt. Am Ende des Flughafengeländes, circa zwei Kilometer vom Feldlager entfernt, beendeten wir unsere Scheinfahrt. In aller Eile sagte ich meinen zugesagten Turnierbesuch unter dem Vorwand dienstlicher Aufträge ab und fuhr zurück ins Lager.

Nur wenige Stunden später berichten unsere Quellen, dass die Talibanzelle unter großem Zeitdruck stand. An die Absprache mit Shah Mohammad, den Anschlag nicht auf dem Turnierplatz durchzuführen, wollte sie sich nicht mehr halten. Damit lief der Clanchef Gefahr, die Kontrolle über den Anschlagsort zu verlieren und, was noch schlimmer war, sein Gesicht als Gastgeber und Schirmherr der Reiterspiele zu verlieren. Sein Gesicht wahren ist jedoch das Wichtigste für einen männlichen Afghanen. Er ließ daraufhin kurzer Hand den Attentäter von einem seiner Gefolgsleute ermorden und beendete das Buzkashiturnier aus Sicherheitsgründen einen Tag eher als geplant.

Die Talibanzelle forderte unterdessen sofort einen neuen „Jungen“ aus Pakistan an. Das gab uns allen mindestens drei Tage Zeit, um weiter nach dem Auto zu suchen. Aber es gab uns auch die Gelegenheit, Shah Mohammad ein wenig auf unsere Seite zu ziehen, denn die Taliban hatten ihn in seinem Stolz tödlich verletzt. Sich nicht an Absprachen zu halten, die heilige Pflicht der Gastfreundschaft eines Turniergastgebers zu ignorieren und ihn dann auch noch zum vorzeitigen Beenden seines Turniers zu zwingen, das glich einem Brudermord.

Ich rufe ihn daher an, entschuldige mich vielmals für die kurzfristige Absage zu den Reiterspielen und räume ein, dass ich ihn als Afghanen, dem das Recht der Gastfreundschaft heilig ist, damit beleidigt habe. Ich bitte ihn, mir die Ehre zu geben, mein Gast zu sein, um mich für meine Unhöflichkeit zu entschuldigen und lade ihn für den übernächsten Tag zum Mittagessen ein. Es erstaunt mich dann doch, als er prompt zusagt, mich jedoch aufgrund der allgemeinen Sicherheitslage darum bittet, bereits am nächsten Tag kommen zu dürfen. Hat er tatsächlich die Kontrolle über seine Stadt verloren?

Ich lasse ein viergängiges Menü vorbereiten. Nach Knoblauchbrot mit Tzaziki und einem gemischten Salat mit Putenbruststreifen gibt es Rinderfilet mit afghanischem Gemüse und abschließend Eisvariationen. Der Tisch ist so festlich gedeckt, wie es im Umkreis von 300 Kilometern sicher keinen zweiten gibt. Dabei weiß ich, dass er, wenn ihm danach ist, in die Ecke spucken oder die Gabel dazu benutzen wird, seine Nägel zu säubern. Er kommt, ist freundlich, für seine Verhältnisse sogar recht sauber und offen für das Gespräch. Er zeigt Verständnis für meine gestrige Absage, schließlich wisse er aus seiner aktiven Zeit am besten, was Kommandeure leisten müssten.

Wir speisen und unterhalten uns über zwei Stunden. Die erhoffte Information zum Attentat gibt er uns allerdings nicht. Aufgrund meiner zugesagten Unterstützung in einer anderen Angelegenheit bin ich mir aber sicher, ihn auf meine Seite gezogen zu haben. Und ich bin der festen Überzeugung, dass er doch noch die Kontrolle über seine Stadt besitzt. Das waren zum damaligen Zeitpunkt sehr wichtige Informationen. Für eine später erfolgende Einladung zu einem Essen in seinem Haus sage ich jetzt schon vorbehaltlos zu.

Im Nachhinein und mit ein wenig Abstand lasse ich noch einmal Revue passieren, was ich erlebt hatte. Ich habe zwei Stunden lang mit dem Mann festlich gespeist und mich unterhalten, der wahrscheinlich mich als eines der möglichen Ziele noch vor wenigen Tagen mit fünfzig Kilogramm Sprengstoff töten wollte. Ich hatte es der Ungeduld und fehlenden Abgeklärtheit einiger Taliban zu verdanken, dass Shah Mohammad sich von dieser Interessengemeinschaft abwandte und gegen sie vorging, um sein Gesicht zu waren. So wird in Badakhshan Politik gemacht, so werden Ziele durchgesetzt. Und das Mittagessen war *key leader engagement* in Reinkultur.

Tage vergehen und das Auto wird nicht gefunden. Die Polizei bittet uns um Mithilfe, wir lassen Flugblätter drucken und verteilen sie an die Zivilbevölkerung. Auf diesen weisen wir darauf hin, dass ein unkontrollierter Selbstmordattentäter auch für sie eine große Gefahr darstellt und bitten die Erwachsenen um Mithilfe zum Schutz ihrer Kinder. Dieser Ansatz wirkt, denn wir erfahren sehr schnell Farbe und Typ des Autos: es handelt sich um einen weißen Toyota Corolla. Leider ist dieser Typ in dieser Farbe das in Afghanistan meist gefahrene Auto. Aber immerhin! Ab morgen wird das normale Leben weitergehen. *Business as usual!* Das habe ich so entschieden. Schließlich können wir uns nicht wochenlang im Camp verstecken, nur weil draußen vielleicht ein einziges Auto mit einem neuen Selbstmordattentäter herumfährt.

In der Folge planen wir erneut, das Auto mit einem Lockvogel aus dem Versteck zu holen. Doch trotz kanalisierender Straßensperren, vieler Checkpoints und großflächiger Überwachung des Raumes bleiben wir auch in den nächsten Tagen erfolglos. Schließlich erhalten wir die Information, dass die Talibanzelle ihre Absichten geändert habe. Sie hatte aus Pakistan deutlichen Ärger bekommen und wegen ihres Versagens keinen weiteren „Koranschüler" mehr erhalten. Glück gehabt!

Doch mussten wir in den letzten Tagen auch sehr eindeutig feststellen, dass die Art der Bedrohung sich qualitativ grundlegend in Badakhshan geändert hatte, und dass das öffentliche Leben darauf sehr sensibel reagierte. Wo immer meine gepanzerten Jeeps in den nächsten Tagen lang fuhren, wurden sie gemieden. Und anstatt mir freundlich die Hand zu schütteln, war ich für einige Tage mit einer unsichtbaren Bannmeile belegt. Man mied meine Anwesenheit auf mindestens fünfzig Meter Entfernung. Was bislang nur für den Süden und die Hauptstadt Kabul galt, war nun auch bei uns im Norden angekommen: Unkalkulierbare Selbstmordattentäter, die praktisch an jeder Ecke warten konnten und gegen die es eigentlich kein richtiges Mittel gab.

Zwei Wochen später wussten wir endgültig: Das geplante Hochwertziel war ich.

Das erste erfolgreiche Selbstmordattentat ereignete sich übrigens knapp fünf Monate später. Es war gegen das Hauptquartier der Polizei in der Altstadt von Feyzabad gerichtet und kostete vier Polizisten und sechs afghanischen Zivilisten das Leben. Neunzehn weitere Menschen wurden verletzt. Zu diesem Zeitpunkt hatte ich Feyzabad bereits seit vierzehn Tagen verlassen und war wohlbehalten nach Deutschland zurückgekehrt.

Rainer Buske
Erschöpfung

Es gibt immer wieder die Diskussion, ob vier oder sechs Monate Einsatzdauer zweckmäßiger sind? Während meines KFOR-Einsatzes im Jahre 1999 stand ich insgesamt gute vier Monate im Einsatz und fühlte mich hinterher ziemlich fertig. Im Afghanistan-Einsatz war die Regelstehzeit für deutsche Soldaten vier Monate, für Führer und Schlüsselpersonal hingegen sechs Monate. Die US-Amerikaner sind viel rigoroser. Stehzeiten im Einsatz von bis zu einem Jahr sind durchaus üblich. Manch ein Veteran, der tapfer für fast ein Jahr im Irak kämpfte, wurde zur „Erholung" nach Afghanistan geschickt. Zugegeben, diese Zeiten sind vorbei, aber immerhin. Ich war jedenfalls nach meinen ersten sechs Monaten ziemlich „aufgeraucht", um im Landser-Jargon zu bleiben. Der ewige Schlafentzug, das permanente Gefühl der Bedrohung, die all umfassende Verantwortung und die Sorge sowohl um den zu erfüllenden Auftrag als auch um die mir anvertrauten Männer und Frauen hatten Spuren hinterlassen. Ich vermochte es auch nicht, meine gewohnten sportlichen Aktivitäten beizubehalten. Normalerweise laufe ich so drei- bis viermal pro Woche zehn Kilometer am Stück. Ich brauche Sport für meinen inneren Ausgleich. Fällt Sport weg, dann werde ich unruhig. Nicht selten schickt mich meine Ehefrau zum Joggen, wenn es zu schlimm wird. Ohne Sport schlafe ich auch schlecht. Immer habe ich Menschen beneidet, die sich einfach ins Bett legen, die Augen schließen und tief und fest schlafen. Manch einer kommt mit nur vier bis sechs Stunden Schlaf pro Tag aus, weil er in dieser Zeit wirklich tief und erholsam schläft. Ich schlafe nicht tief und wache beim kleinsten Geräusch auf, das nicht „normal" ist, also nicht in den gewohnten Ablauf passt.

Als verantwortlicher Kommandeur ist das noch viel schlimmer. Jedes anormale Geräusch weckt mich auf. Sofort lausche ich. Ist etwas passiert, fliegt eine Rakete, explodiert irgendetwas? Klingelt das Telefon am Bett, springe ich auf, ziehe mich im Laufen an und rase in den Gefechtsstand. Wer das sechs Monate mitmacht, muss schon ziemlich abgebrüht sein, um nicht müde zu werden. Ich war müde, sehr müde sogar, und ich sehnte mich nach Ruhe und Geborgenheit. Als ich nur wenige Wochen nach meinem sechsmonatigen Einsatz ein zweites Mal nach Kunduz musste, war ich noch gar nicht wiederhergestellt, da ging das Ganze wieder von vorne los. Es sollte sogar noch viel schlimmer kommen, denn der schlimmste Tag in meinem Leben stand mir erst noch bevor.[2]

Wenn man in einen Einsatz geht, dann schont man sich nicht, schon gar nicht am Anfang. Mit voller Energie und viel Enthusiasmus stürzt man sich in die Aufgabe. Arbeitszeiten sind in solch einer Umgebung fließend. Es ist mir egal gewesen, wann ich ins Bett kam. Ich fühlte mich allgegenwärtig verantwortlich und kümmerte mich um nahezu alles. Nach so ca. vier bis sechs Wochen merkte ich, dass der Anfangselan nachließ. Die erste Aufregung und Neugierde waren verflogen. Alltag und Routine setzten ein. Die ersten Ärgernisse kamen. Es ging nicht mehr so glatt voran, wie man es sich anfangs erhofft hatte. Widerstände mussten überwunden werden. Doch man ist noch zu frisch und begeistert, um sich dies wirklich einzugestehen.

Nach drei Monaten wird es schwieriger, und spätestens nach fünf Monaten ist man müde und kaputt. Die letzten Wochen sind zäh und wollen nicht vorbeigehen. Der Körper und der Geist schreien nach Ruhe. Man wird kratzbürstiger und dünnhäutiger. Die innere Gelassenheit ist

---

2 Siehe dazu den weiteren Beitrag von Rainer Buske in diesem Buch.

weg. Ich bin dann schon manchmal dazu übergegangen und habe schlichtweg einen Mittagsschlaf gemacht oder bin im Feldlager joggen gegangen. Ich hatte kein schlechtes Gewissen, denn was nutzte es, wenn ich in einer Notsituation übermüdet und eigentlich nicht mehr führungsfähig bin? Dann nämlich, im entscheidenden Augenblick, muss ich funktionieren. Um das zu können, darf ich mir auch mal eine Auszeit gönnen – vorausgesetzt, die militärische Lage gestattet es mir.

Als ich im September 2008 wieder in Kunduz eintraf, fühlte ich mich vom ersten Tage an eigentlich so, als wenn ich bereits vier oder fünf Monate in den Knochen hätte. Und im übertragenden Sinne stimmte das ja auch. Mein Körper sendete eindeutige Warnsignale. Ich bekam immer öfter rasende Kopfschmerzen, die sich manchmal zu Migräneattacken steigerten. Einmal war es so schlimm, dass mich unser Doktor für eine Nacht ins Krankenbett steckte und mich an den Tropf hängte. Dann bekam ich Magen- und Darmprobleme. Eigentlich ist jeder Soldat wenigstens einmal während seiner Zeit in Kunduz magenerkrankt. Durchfall entsteht schnell. Das liegt weniger an den Speisen, die im Regelfall eben nicht vom lokalen Markt gekauft werden. Es liegt an der Luft. Afghanische Bauern düngen ihre Felder mit Fäkalien. Der Wind und so mancher Sturm fegen mit dem Sand auch die Fäkalien durch die Luft, die wir einatmen. So gelangen die Erreger in den Organismus. Montezumas Rache ist die Folge.

Strenge Hygienevorschriften dämmen diesen Effekt ein, können ihn aber nicht ganz verhindern. Ich hatte bislang Glück gehabt und bin die ersten sechs Monate ungeschoren davongekommen. Im zweiten Einsatz aber, wohl auch aufgrund meiner allgemeinen Erschöpfung, schlug das Schicksal zu. Ich rannte ohne Unterlass aufs Klo und fing an, zu dehydrieren. Erneut zog mich der Truppenarzt aus dem Verkehr, und ich fand mich im Rettungszentrum an einem Tropf hängend wieder. Mein Stellvertreter übernahm für die Nacht, und alle Mann ängstigten sich um mich. Ich durfte nicht ausfallen, unter keinen Umständen. Am nächsten Morgen ging es mir ein kleinwenig besser, und unter dem milden Protest der sich liebevoll um mich kümmernden Krankenschwestern (Mehrzahl, wohlgemerkt, denn alle waren um mich bemüht!) stakste ich auf wackeligen Beinen in meinen Bürocontainer.

Im Regelfall geht es der Truppe nicht viel besser. Die Fallschirmjäger beispielsweise sind jeden Abend rausgefahren, sind abgesessen zu Fuß mit ihren bis zu 40 kg Gepäck und Ausrüstung stundenlang Patrouille gelaufen, um frühmorgens reinzukommen, ein kleinwenig zu schlafen und sich auf den nächsten Auftrag vorzubereiten. Wenn man das vier Monate jeden Tag gemacht hat, dann ist man fertig. Urlaub nimmt die Truppe innerhalb ihrer vier Monate Einsatzzeit sowieso nicht. Denjenigen, die sechs Monate im Einsatz blieben, standen zwei Wochen Urlaub zu. Bis auf ganz wenige Ausnahmen hat kaum jemand von dieser Regelung Gebrauch gemacht. Für mich kam dies überhaupt nicht in Frage. Man stelle sich mal vor, ich wäre in Hamburg im Urlaub und in Kunduz gäbe es einen Anschlag mit Toten und Verwundeten. Ich hätte mir größte Vorwürfe gemacht und es mir nie verziehen, zur entscheidenden Zeit nicht bei meinen Soldaten gewesen zu sein. So blieb ich also durchgehend im Einsatzland. Als ich dann schlussendlich Mitte November 2008 nach insgesamt fast neun Monaten endgültig nach Hause zurückkehrte, war ich am Rande meiner körperlichen und psychischen Leistungsfähigkeit angekommen. Nichts ging mehr, ich war vollkommen alle. Und dennoch glaube ich, dass sechs Monate Einsatzzeit schon vernünftig und richtig dimensioniert sind – auch für einfache Soldaten. Der Grund ist einfach und plausibel: Man braucht wenigstens zwei Monate, bevor man überhaupt anfängt, Land, Leute und Auftrag zu verstehen. Und auch unsere afghanischen Partner hätten es leichter, weil sie sich nicht alle vier Monate immer wieder auf neue Gesichter einstellen müssten. Sechs Monate sind auch durchzuhalten, wenn man denn hinterher ausreichend Zeit zur Erholung erhält. Neun Monate aber, zumal in einem derartig schweren Umfeld, sind genau drei Monate zu viel. Ich sollte fast ein halbes Jahr brauchen, um wieder auf die Beine zu kommen.

Stefan Schultze
Leben mit Wunden

„Keiner kommt von einer Reise so zurück, wie er gefahren ist", so sagt ein bekanntes Sprichwort. Für einige sind Veränderungen sehr groß, für andere eher gering. Manchmal treten sie schlagartig ein, oftmals sind sie nicht sofort spür- oder wahrnehmbar. Sie können positiv sein, nicht selten jedoch sind sie ausgesprochen negativ oder manchmal sogar fatal. Ich zähle mich zu denjenigen Soldaten, die verändert von ihrer „Reise", einem Auslandseinsatz der Bundeswehr, zurückgekommen sind.

Am 7. August 2009 wurde ich während Gefechtshandlungen im Norden Afghanistans angeschossen und verwundet. Nach Genesung erhielt ich die Gelegenheit, mich als „Lotse für einsatzgeschädigte Soldatinnen und Soldaten" um die Belange anderer, an Körper und/oder Seele verwundeter Kameradinnen und Kameraden zu kümmern. Ich habe dabei auch ihre Geschichten gehört, ihre ganz eigenen Schwierigkeiten und Probleme kennengelernt und ihr Denken und Fühlen verfolgt. Einen Wunsch haben alle gemeinsam: „Ich möchte einfach nur wieder gesund sein!"

Physische Verwundung

Eines muss der körperlich verwundete Soldat nicht tun: sich erklären. Nachgezogene Beine, unbeweglich herunterhängende Arme, verlorene Gliedmaßen, großflächige Verbrennungsmale oder deutlich sichtbare Narben auf dem Körper sprechen einfach für sich. Niemals wird in Frage gestellt, ob die Ereignisse wirklich so gravierend für ihn waren, wie sie durch den Soldaten geschildert werden. Jeder kann es sehen.

Wenn Sie so wollen, könnte man hierbei durchaus von einem „Vorteil" sprechen. Doch jeder einzelne Soldat würde diesen „Vorteil" nur zu gerne für seine verlorene Gesundheit eintauschen.

Der Wunsch nach Normalität und alter Lebensqualität dominiert. Unsere Bundeswehrärzte haben mittlerweile große Erfahrungen gesammelt, wenn es um die Versorgung von Schuss-, Spreng- oder Brandverletzungen geht. Sie schaffen es, die Verwundeten gesundheitlich zu rehabilitieren. Bis zu einem gewissen Punkt, denn Wunder können auch sie nicht bewirken. So bleibt der Wunsch, einfach wieder gesund zu werden, für Einige unerfüllt. Verlorenes Augenlicht oder verlorene Körperglieder kann auch der beste Chirurg nicht wiedergeben. Somit gibt es nur eine Möglichkeit: man muss sich mit der neuen Situation arrangieren.

Die Bundeswehr lässt den Soldaten, gleich welcher Dienstgradgruppe er angehört, hierbei nicht hängen oder allein. Sie bietet ihm Dienstposten an, die der Verwundete mit seinen Einschränkungen erfüllen kann. Dafür werden Arbeitsplätze umgebaut und neu ausgestattet. Viele Kameraden erlangen dadurch ihre alte Dienstmotivation zurück. Sie erarbeiten sich eine neue Perspektive und definieren für sich Ziele. Manche wachsen sogar daran und finden neue Herausforderungen. Doch trotz aller Unterstützungsleistungen stellt sich nicht immer die alte Berufszufriedenheit ein. Warum ist das so? Sind sie vielleicht sogar undankbar? Nein! Denn was bleibt, sind die Erinnerungen an die Zeit vor den Narben.

Psychische Verwundung

Den Wunsch nach Normalität und alter Lebensqualität teilt auch der psychisch Verwundete. Vielleicht ist er sogar noch stärker ausgeprägt. Doch anders als beim körperlich verwundeten Soldaten ist seine Verwundung unsichtbar und trifft fast immer auf Unglauben und Misstrauen.

Fast jeder psychisch verwundete Soldat glaubt, sich rechtfertigen zu müssen. Es wird aber auch vielfach von ihm erwartet. Ständiges Erzählen des Erlebten, bei immer wechselndem Gegenüber, paaren sich mit dem Gefühl des „Mir glaubt ja niemand!". Dies ist dann besonders stark ausgeprägt, wenn der unmittelbare zeitliche Zusammenhang nicht mehr gegeben ist und Veränderungen erst Jahre nach dem Erlebten auftreten. Dann ringt der psychisch Belastete täglich um seine Glaubwürdigkeit. Dies belastet den Betroffenen zusätzlich.

Ich habe viele Soldaten erlebt, die erst nach Erhalt des positiven Bescheides über ihre anerkannte Wehrdienstbeschädigung (WDB) mit Tränen in den Augen sagten: „Endlich glaubt man mir…!". Diese Kameraden können erst jetzt beginnen, sich auf das Wesentliche zu konzentrieren: Ihre gesundheitliche Rehabilitation. Bis zu diesem Punkt (und ich glaube, hier kann ich verallgemeinern) glaubten sie, auf der Stelle zu treten.

Doch nun sehen sie sich selbst vor einem Problem, das bereits andere mit ihnen hatten: Die Verwundung ist auch für sie „nicht sichtbar". Der Wunsch nach alter, gewohnter Normalität erfüllt sich nicht mit dem Erhalt eines Schriftstückes. Auch für sie gilt es nun, mit den Narben (auf ihrer Seele) umzugehen, die damit verbundenen Schmerzen einzuordnen und sie als festen und dauerhaften Bestandteil ihres zukünftigen Lebens zu betrachten. Ärzte und Therapeuten leisten auch hier Herausragendes. Sie können, ähnlich wie bei den physisch Verwundeten, bis zu einem gewissen Punkt Abhilfe schaffen und eine spürbare Verbesserung herbeiführen. Doch ungeschehen können sie es auch hier nicht machen.

Der körperlich verwundete Soldat muss motorische Abläufe neu erlernen bzw. anpassen, der psychisch verwundete Soldat muss unter professioneller Anleitung lernen, seine mentalen Abläufe wieder in den Griff zu bekommen. Die Tatsache, dass nicht wenige Einsatzversehrte physisch und psychisch verwundet wurden, macht deutlich, dass der Begriff „Herausforderung" nicht ausreichend für das ist, was die Betroffenen zu bewältigen haben.

Bürokratie belastet

Neben der gesundheitlichen Rehabilitation ist die bürokratische Abwicklung der Einsatzschädigung ein zweiter wichtiger Verfahrensstrang. Immer wieder ist von Verfahren zu hören, die unglaublich lange dauern. Doch woran liegt das? Nach meinen Erfahrungen sind die Ursachen hierfür sehr unterschiedlich. Von Unwissenheit über Gleichgültigkeit, von Resignation bis hin zu Scham bei den Betroffenen erstreckt sich die Bandbreite. Viele Kameraden können oder wollen sich nicht mit diesen Dingen auseinandersetzen. Oftmals treffen sie bereits beim ersten Telefonat auf Unwillen und Widerstand. Dadurch wächst ihre Unsicherheit und sie verlieren den Mut, ihre Interessen weiter zu verfolgen.

Für bürokratische Vorgänge, wie z.B. das Verfassen von Anträgen, Einhalten von Fristen, Aufnehmen und Halten von Verbindungen oder Weitergabe von Informationen über den Bearbeitungsstand haben die Geschädigten keinen Gedanken frei. Oftmals fällt es schwer, selbst mit vertrauten Personen über den Sachverhalt zu reden. Mit fremden und oft zivilen Personen darüber zu sprechen, ganz gleich, wie kompetent sie sein mögen, stellt für viele ein unüberwindbares Hindernis dar. Selbst wenn eine Beratung zustande kommt, können die Geschädigten oftmals nur sehr schwer oder gar nicht dem Gespräch vollständig folgen bzw. dessen Inhalt in Gänze verstehen, um die notwendigen Schritte zeitgerecht einzuleiten. Dieser Wirrwarr ist schon für gesunde und klardenkende

156

Personen schwer zu begreifen. Ein belasteter, verwundeter Soldat wird hier schnell an seine Grenzen stoßen. Hier konnte ich in meiner Funktion als Lotse für einsatzgeschädigte Soldaten Unterstützung bieten und Entlastung erreichen.

Als Lotse war ich ständiger Ansprechpartner für betroffene Soldaten. Ich war somit „Spinne im Netz" und „vertrautes Gesicht" zugleich. Meine spezielle Ausbildung befähigte mich, ihnen den Gang durch die Instanzen deutlich zu erleichtern. Lotsen verhindern also, dass Betroffene im bürokratischen Dschungel verlorengehen. Sie können den Geschädigten aus seiner tiefen Verzweiflung bzw. seiner aussichtslos erscheinenden Situation nicht herausholen oder ihn gar wieder gesund machen. Sie können jedoch durch Unterstützung dazu beitragen, dass der richtige Weg eingeschlagen wird.

Jedes vollständig und korrekt ausgeführte Verfahren bedarf einiger Bearbeitungszeit. Der Gesunde versteht diesen Umstand. Der Kranke dagegen möchte eine präzise und ausführliche Begutachtung in allerkürzester Zeit. Auch während meines eigenen Einsatzschädigungsverfahrens ertappte ich mich dabei, wie ich über die lange Bearbeitungszeit klagte. Dabei vergaß ich allerdings, die erforderlichen Unterlagen rechtzeitig an die zuständigen Stellen weiterzugeben. Heute, mit einigen Jahren Abstand, kann ich über diese Ungeduld lächeln, weiß ich doch, dass mein gesamtes Verfahren für damalige Verhältnisse ausgesprochen schnell abgeschlossen wurde.

Seit 2011 haben sich meiner Ansicht nach die Verfahrensabläufe deutlich verbessert. Kürzere Bearbeitungszeiten, wo immer möglich, niedrigere Hürden, um als einsatzgeschädigter Soldat behandelt zu werden, hervorragende rechtliche Ansprüche für den verwundeten Soldaten nach einer Einsatzschädigung aufgrund unseres Einsatzweiterverwendungsgesetzes, wie es in kaum einer

Armee zu finden ist, zeigen mir, dass Politik und militärische Führung sich ihrer Verantwortung für die Soldaten bewusst geworden sind. Diese Feststellung reicht sicherlich nicht, um alle Einsatzgeschädigten glücklich und zufrieden zu machen, schon gar nicht, um ihren Wunsch nach Normalität zu erfüllen. Das wird es wohl nie. Doch scheint es mir der richtige Weg zu sein.

Im Umgang mit Verwundeten

So individuell die Sorgen, Ängste, Nöte und Beschwerden eines jeden einzelnen verwundeten Soldaten sind, so unterschiedlich und sensibel muss auch der Umgang mit ihnen sein. Einige wenige Dinge gelten aus meiner Sicht jedoch für *jeden* geschädigten Soldaten.

Wahrnehmung! Nichts ist kränkender als abwertendes Verhalten gegenüber einem Verwundeten. Besonders bei psychisch verwundeten Soldaten spielt Scham aufgrund der gefühlten Schwäche eine große Rolle. Wenden sich die gesunden Soldaten von ihren verwundeten Kameraden ab und grenzen sie aus der gewohnten militärischen Gemeinschaft aus, nimmt die Verzweiflung der Einsatzgeschädigten weiter zu.

Beständigkeit! Die eben erwähnte militärische Gemeinschaft ist es, die dem Geschädigten ein Mindestmaß an Sicherheit gibt. Bekannte Kameraden, ein bekanntes Umfeld und Vorgesetzte, die (hoffentlich) wissen, was ihm widerfahren ist, führen dazu, dass er sich nicht mehr als unbedingt notwendig erklären muss. Alte, geübte Abläufe des täglichen Lebens sind verinnerlicht und können leichter abgerufen werden. Sich in der ohnehin schwierigen Situation noch an ein neues Umfeld gewöhnen zu müssen, würde zusätzlich belasten.

Unterstützung! Den Weg der Genesung müssen alle Versehrten selbst gehen, aber man kann sie dabei unterstützen. Zu zeigen, dass an sie gedacht wird, man weiter da ist für sie, ist oft schon ausreichend. In ständiger Erinnerung bleibt mir ein junger Oberleutnant eines anderen Verbandes, mit dem ich im Bundeswehrzentralkrankenhaus in Koblenz zufällig ins Gespräch kam. Unter Tränen schilderte er mir, dass sich seit über zwei (!) Jahren kein Soldat seiner eigenen Einheit mehr bei ihm gemeldet habe.

Verständnis! Die eigene Verwundbarkeit noch dicht vor Augen, ist das Selbstvertrauen bei vielen verwundeten Soldaten verschwindend gering. Viele Vorgesetzte sind sich dieser Tatsache bewusst und versuchen, Ängste zu nehmen und dieses mangelnde Selbstvertrauen langsam wiederaufzubauen. Doch nicht alle Vorgesetzten handeln so. Allzu oft fallen unbedachte, flapsige Sätze, wie „Mit Ihnen kann ich ja überhaupt nichts anfangen…!". Bitte nicht missverstehen: Betroffene erwarten kein Mitleid, aber sie möchten sich auch nicht herabgesetzt fühlen. Sie möchten als das behandelt werden, was sie sind: als ein vollwertiger Mensch.

Nachbetrachtung

Unsere Einsatzsoldaten wünschen sich, für ihren Dienst an unserem Land respektiert zu werden. Mehr nicht. Dies gilt für die große Zahl derer, die gesund an Leib und Leben zurückkehren, als auch für die, die einen Teil ihres Blutes oder ihres Seelenfriedens im Einsatz verloren haben und erst recht für jene, die den höchsten Preis gezahlt haben. Öffentliche, aber auch Bundeswehr-interne Wertschätzung sollen und müssen wieder zur Selbstverständlichkeit werden.

„Der Krieg hat einen langen Arm. Noch lange, nachdem er vorbei ist, holt er sich seine Opfer!" Lassen Sie uns die Zahl dieser Opfer so gering wie möglich halten.

Sabine Kwasny und Janine Rücker

Die „Heimatfront" – Betrachtung eines Einsatzes aus Sicht von Familien

Mein Name ist Sabine Kwasny – mein Soldat und ich kennen uns seit fünfzehn Jahren. Wir sind beinahe acht davon verheiratet und haben zwei Kinder zusammen. Diese Zeilen sind rückblickend auf drei ISAF-Einsätze (2006, 2010 und 2012) entstanden, während derer wir noch kinderlos waren.

Ich heiße Janine Rücker, bin 38 Jahre alt, seit 23 Jahren mit meinem Soldaten liiert und seit fünfzehn Jahren verheiratet. Wir haben drei Kinder zusammen. Den soldatischen Weg meines Mannes sind wir von Anfang an gemeinsam gegangen. Bislang haben wir zwei Einsätze in Afghanistan (2010 und 2014) bewältigt.

Vor dem Einsatz

Ich wünsche mir, dass der nächste Einsatz niemals kommt. Und steht er vor der Türe, so wünsche ich mir, dass er schon rum ist. Und obgleich ich ihn herauszögern möchte bis zur letzten Sekunde, sind die letzten Tage die schlimmsten. Dieser Countdown, bis es endlich losgeht, unerträglich. Die Stille ist schon vor der Abreise da.

Auf unseren ersten Einsatz in Afghanistan konnten wir uns fast ein halbes Jahr vorbereiten, beim zweiten Mal lief meiner Ansicht nach schief, was nur schieflaufen kann.

2010 hat mein Mann mir drei Monate vor Abreise gesagt, dass er gehen muss. Er hat es für sich allerdings schon sechs Monate im Voraus gewusst. Da genau zu dem Zeitpunkt unser drittes Kind geboren worden war, wollte er mich „schonen" und schob es immer weiter vor sich her, musste sich eine Deadline setzen, um es mir Ende Februar dann doch zu sagen.

Meine erste Reaktion waren Tränen, weil ich absolut

160

überhaupt keine Ahnung hatte, was da auf mich zukommen würde. Dann stellte ich Fragen, und wir haben alle rechtlich nötigen Dinge erledigt, Stück für Stück, Vollmachten wurden erteilt, Versicherungen informiert.

Ich habe Angst, dass ihm im Einsatzland etwas passiert. Dass er verwundet oder getötet wird, dass er Dinge erlebt, die ihn verändern werden. Ich sorge mich, wie unsere Partnerschaft sechs Monate Abwesenheit verträgt, ohne uns voneinander zu entfernen. Werde ich alles alleine schaffen? Kann ich allem und jedem gerecht werden? Wer nimmt mich in den Arm, wenn es mir schlecht geht? Wie sollen nur die Feiertage ohne ihn werden?

Die letzten zwei Wochen vor dem Einsatz waren ungeheuer quälend, mein Mann packte und sein Gepäck wurde verschickt – das machte den Einsatz plötzlich greifbar. Wir füllten zwei Bonbongläser mit Süßigkeiten für jeden geschafften Tag. Verstanden haben die Mädchen das nicht. Was dreieinhalb Monate sind, konnte auch unsere älteste Tochter, die da noch nicht einmal vier war, nicht erfassen.

Der Tag der Abreise mit seinen vielen „letzten Momenten" war entsetzlich, ständig flossen Tränen sowohl bei mir als auch bei meinem Mann. Dieses Warten auf den Wagen, der ihn holen sollte, die ernst dreinblickenden Kameraden, das sind für mich rückblickend die schlimmsten Momente dieses Einsatzes geblieben.

Es kommt ein Paket an, nur für mich. Meine Freundin hat mir für jede geschaffte Woche ein Päckchen gepackt. Sie weiß, wie es mir geht, denn sie hat das gleiche erlebt. Das verbindet. Manchmal glaube ich, nur Soldatenfamilien wissen, was man in einem Einsatz erlebt. Selbst von engen Freunden fühle ich mich teilweise unverstanden. Aber, und das gebe ich unumwunden zu, man kann es mir in diesen Momenten vermutlich auch nicht recht machen.

Beim zweiten Einsatz blieb uns vieles davon gewissermaßen erspart, denn mein Mann erfuhr von seinem Einsatz knapp drei Wochen vor Abreise. Wir waren seinerzeit eine Pendler-Familie und ich erfuhr am Telefon davon. Quasi zeitgleich ging das Gepäck auf die Reise, für viele Dinge blieb keine Zeit mehr, Vollmachten wurden in einem hastigen Rutsch erneuert.

Unsere Kinder konnten sich überhaupt nicht vorbereiten, allerdings verstanden sie viel mehr von der Zeitspanne als vier Jahre zuvor. Die Süßigkeiten, die wir gemeinsam in Gläser stopften, waren in ihren Augen unendlich viele, denn sie mussten ja für fünf Monate reichen.

Die Fragen kreisten in unseren Köpfen, viele davon brauchten Zeit, um gestellt zu werden – Zeit, die wir nicht mehr hatten.

Rückblickend hatte ich, gerade wegen der fast überhasteten Abreise, im zweiten Einsatz entsetzlich oft das Gefühl, im Stich gelassen worden zu sein – als wäre er einfach gegangen, ohne uns eine Chance auf Widerspruch zu geben.

Das hat während des Einsatzes für unglaublich viele Reibungspunkte gesorgt, denn man kann nicht einfach einen dreifachen Familienvater für fünf Monate wegschicken. Drei Wochen Vorlaufzeit reichen niemals aus, um alle Angelegenheiten einer großen Familie zu klären.

Während des Einsatzes

Es ist so leise, seit er weg ist. Meine Angst ist leise. Die Wohnung ist still. Beim Aufwachen niemand da, das einzige Geräusch der Wecker. Frühstück allein, Mittagessen und Abendbrot. Freie Wochenenden sind so lang, die Zeit scheint zu stehen. Manchmal rede ich mit mir selbst, nur damit ich ein bisschen Leben in die Wohnung bekomme. Musik läuft ununterbrochen, an freien Abenden der Fernseher, ohne dass ich überhaupt gucke.

In wirklich ernsthafte Gefahrensituationen sind wir nie geraten, ein merkwürdiges Bauchgefühl war natürlich gerade beim zweiten Mal aufgrund der Nähe zur afghanischen Bevölkerung da.

Am 15. April 2010 war ich gerade auf dem Heimweg von meiner Arbeitsstelle, als im Radio die Meldung kam, dass mehrere deutsche Soldaten gefallen und verwundet sind. Provinz Baghlan. Afghanistan. Sofort setzte sich mein Kopf in Bewegung. Ist er heute draußen? Ja. Ist er dort unterwegs? Ja. Operationsbeteiligung? Ja. Der nächste Parkplatz wurde mein Standort für die nächsten zwei Stunden, so sehr zitterte ich, überkam mich die Angst. Meine Beine, mein Kopf, keine zehn Pferde brachten mich nach Hause, ging ich doch davon aus, dass heute, ganz bestimmt heute, schon ein tarnfarbenes Auto auf dem Hof auf mich warten würde, um mir mitzuteilen, dass mein Mann nicht mehr nach Hause kommen würde.

Letztlich fuhr ich doch. Es wartete kein Wagen, und Stunden später gab es eine SMS „Wir sind ok". Die Gedanken an die Familien, denen es anders erging, sie bringen mich auch heute noch zum Weinen.

Während des ersten Einsatzes waren unsere drei Kinder alle unter vier Jahre alt, unser Junior war gerade einmal fünf Monate alt. Unser Sohn musste nach dreieinhalb Monaten Abwesenheit seinen Papa komplett neu kennenlernen. Unsere Töchter waren insgesamt weinerlich und ständig quengelig.

Ich bin müde. Es ist anstrengend, zu Hause zu sein, allein mit den Gedanken, ich wünschte, ich könnte mal tauschen. Ich arbeite zu viel. Überstunden hier, Einspringen für kranke Kollegen dort. 45 Stunden, 50, 60. Hauptsache, es gibt keinen Leerlauf. Aufräumen, aussortieren, bügeln. Ja, wann habe ich eigentlich außerhalb eines Einsatzes mal gebügelt? Durchatmen, ich müsste durchatmen. Aber nein, dann kommen die Gedanken. Lieber weitermachen.

Meine im Laufe der Zeit zunehmende Erschöpfung und Müdigkeit, dadurch bedingte Anspannung und zum Zerreißen gespannte Nerven haben die Mädchen wahrgenommen, unbewusst auf sich selbst bezogen und sie mit gleichem Verhalten gespiegelt. Das brachte eine Spirale in Gang, aus der ich bis zum letzten Einsatztag keinen Weg fand. Durchhalten war dann das Motto.

Und manchmal ärgere ich mich über meinen Partner. Dass er sich nicht meldet, obwohl er es versprochen hat. Sofort mache ich mir Sorgen – er hat es nur vergessen, weil er ein interessantes Gespräch hatte. Ich bin so wütend, dass er in den Einsatz gegangen ist. Wie kann er das nur machen. Er weiß doch, dass mein Staatsexamen in der Zeit ist, dass seine Mutter 65 Jahre alt wird, dass ich schwanger bin, dass ... er kennt doch all die 1000 Gründe, nicht zu gehen (und ich kenne den einen, der für ihn zählt).

Beim zweiten Mal waren unsere Kinder dann sieben, sechs und vier Jahre alt. Besser machte das die Situation aber nicht, da alle drei Kinder die lange Zeit und die fehlende Anwesenheit ihres Papas und meine immer mehr zunehmende Erschöpfung ganz anders wahrgenommen haben.

Ich habe viel Zeit und treffe mich öfter als sonst mit Freunden und Bekannten. Ich genieße es, mit einem Bier auf dem Boden zu sitzen und meine Lieblingsmusik zu hören. Ich esse das Eis direkt aus der Packung. Manchmal trinke ich Kaffee im Bett und Rotwein in der Badewanne. Mein Bücherpensum steigt exponentiell.

Die Leistungen der großen Tochter in der Schule wurden schlechter, vor allem aber ihre soziale Kompetenz hat zeitweise doch sehr darunter gelitten, dass Papa fehlte. Sie weinte viel, auch im Unterricht, wurde rasch ungeduldig und war gerade zum Ende der Zeit ohne Papa oft gedanklich abwesend. Unsere jüngeren Kinder hatten im Kindergarten immerhin die gegenseitige Stütze, was ihnen die Zeit etwas weniger schwer gemacht hat. Insgesamt waren alle Kinder lieber und öfter zuhause, hatten weniger Lust, sich mit Freunden zu treffen und so hockten wir uns gewaltig oft auf der Pelle.

Ich fühle mich, als würde ich manchmal verrückt werden können. So viele Rituale, die sich einschleichen. Am Kopfkissen riechen, ihn

*riechen. Das Haargel aufschrauben, ihn riechen. Die letzte Kaffee-
tasse vor der Abreise nicht abwaschen, bis er wieder da ist. Hier ein
Abreißkalender aus Zetteln, dort ein Maßband. Briefe, Briefe,
Briefe. Und Postkarten. Jeden Tag etwas schreiben, machen, tun.
Nur nicht wirklich daran denken, wie viele Tage noch kommen.
Niemals aus dem Aktionismus rauskommen.*

Beide Male hatten wir die Option, via Handy und Skype
Kontakt zu halten. Das Skypen haben wir beim zweiten
Mal sehr zügig eingestellt, weil unsere Kinder jedes Mal
nach einem Skype-Telefonat schier zusammengebrochen
sind. Sie weinten und schrien und schlugen teilweise sogar
um sich. Das hat mich und auch die Kinderseelen wohl
mehr belastet als es genützt hat.

*Ich ärgere mich. Es gibt so vieles, was mich wütend macht. Der Kon-
takt ist stark eingeschränkt, kein Empfang, so teuer, Nachrichten-
sperre. Feldpost dauert teilweise Wochen. Ich lese, dass bei anderen
Nationen jegliche Kommunikation kostenfrei ist und muss gleichzeitig bei unserer Steuererklärung um jeden Cent und jede Minute Te-
lefonzeit kämpfen. Gerade während der ersten Einsätze ärgert es
mich, dass die Familienbetreuung manchmal nicht existent ist, obgleich ich angegeben habe, betreut werden zu wollen. Mittlerweile hat
die Bundeswehr dazugelernt; es gibt jetzt am Standort eine tolle, en-
gagierte Familienbetreuung.*

Ein (in der Zeit von fünf Monaten) vom Familienbetreu-
ungszentrum angebotener Ausflug wurde von mir abgelehnt, weil im Vorfeld ein Vortrag vorgesehen war, an
dem ich kein Interesse hatte. Es wäre schlauer gewesen,
erst den Ausflug zu organisieren und für Interessierte im
Nachhinein den Vortrag zu halten. Ich wäre mit drei Kindern angereist, die schon beim Anblick von Tarnfleck nervös wurden und hätte sie dann dort in der Kaserne in
Fremdbetreuung geben müssen. Hier besteht definitiv
Nachbesserungsbedarf, allein schon bei der kindgerech-
ten Planung solcher Ausflüge.

Ich schaffe so vieles, bin stärker als ich vorher glaubte. Ich versuche beides zu sein, er und ich. Halte den Haushalt in Ordnung, erledige Reparaturen, verliere mein Chaos und setze Struktur. Struktur und Routine – sie helfen mir dabei, meinen Alltag zu gestalten.

Als Mutter war ich während der Zeit der Einsätze immer darauf bedacht, sie meinen Kindern so kurz wie möglich zu machen und meinen Mann, so gut es eben ging zu ersetzen. Das führte bei mir dazu, dass ich meine eigenen Bedürfnisse komplett vernachlässigt habe. Die Erschöpfung, die aus dem Einsatz 2014 übriggeblieben ist, hängt mir lange nach. Danach gefragt hat von Seiten der Bundeswehr niemand.

Und manchmal zerspringe ich vor Glück, wenn ich zwölf Feldpostbriefe auf einmal im Briefkasten habe. Und mein Herz stolpert, weil ich glücklich bin zu wissen, dass 4.829 km entfernt ein Mensch sitzt, der mich unfassbar liebt.

Nach dem Einsatz

Es ist so laut in meinem Kopf. Die große Angst weicht und die Musik fängt an. Das Out-Datum ist so nah. Es geht los, positive Energie, ohne Stress, ohne Hast. Ich freue mich, habe eine To-Do-Liste, was ich noch alles erledigen möchte und hake fröhlich ab. Fensterputzen, Lieblingsessen, noch mal zum Friseur. Einen Ebay-Countdown eröffnen – 3, 2, 1 – MEINS. Ich fahre zum Flughafen, immer Köln. Schließlich hänge ich an meinen Ritualen. Zwei Stunden zu früh, das Herz schlägt so schnell. Die CD für das Autoradio seit Wochen vorbereitet. Endorphin, hallo! Endlich landet der Flieger – mit ihm der Stein, der von meinem Herzen fällt. Aufgeregt sein und Herzklopfen haben – endlich sehe ich ihn hinter der Glasscheibe. Lange Haare, langer Bart, doch gleich vertraut. Gleich geht die Tür auf und wir liegen uns in den Armen und es ist geschafft.

Nach der Rückkehr meines Mannes 2014 hat uns binnen Stunden der Alltag eingeholt. Es stand das Wohl unserer Kinder im Vordergrund, liegen gebliebene Arbeiten mussten erledigt werden und wir hatten so nicht die

Gelegenheit, gewisse Dinge, die uns belasteten, zu besprechen und so offene Wunden zu schließen. Das hat unserer Beziehung nicht gutgetan.

Die Euphorie hält an, die Heimfahrt, Zuhause sein, alles wieder gemeinsam erleben. Die Angst, sich auseinandergelebt zu haben, ist wie weggewischt. Vorsichtiges Beobachten, ob es dem Partner auch so geht. Und viele Fragen, die geblieben sind, stellen — und manche lieber nicht stellen. Festhalten und einfach mal heulen. Die Last fällt ab.

Von der Daueraktivität in die Pause, das Entspannen zu kommen, fällt mir schwer. Ich möchte sofort los, alles erleben und alles zeigen; er möchte zu Hause bleiben und sich langsam an alles gewöhnen.

Auch bei unseren Kindern sind Sorgen geblieben, als Beispiel sei hier meine große Tochter genannt, die noch heute bei den Textzeilen von „Tage wie diese“ von den Toten Hosen in Tränen ausbricht und lange, lange braucht, um sich wieder ins Lot zu bringen. Das Lied hörten wir im Radio auf dem Weg zum Flughafen, um Papa wieder abzuholen und die Emotionen, die seinerzeit bei Zeilen wie: „Ich wart' seit Wochen auf diesen Tag und tanz' vor Freude über den Asphalt, komm' Dir entgegen, Dich abzuholen, wie ausgemacht“ hochkochten, übermannen sie noch immer.

Ich beobachte, dass das Gefühl zwischen uns gleichgeblieben ist, dass der Partner sich aber auf Grund seiner Erlebnisse verändert hat. Es sind Kleinigkeiten, die mir auffallen. Doch an niemanden kann ich mich wenden. Eine reguläre Nachbereitung für Paare und deren Kinder, das würde ich mir wünschen.

Auch dieser Wunsch wurde inzwischen erfüllt. Es gibt heute eine reguläre Einsatznachbereitung für Familien mit und ohne Kinder. Wir haben 2018 daran teilgenommen. Es war toll.

Eine Einsatznachbereitung sollte unbedingt die ganze Familie miteinschließen. Das Wieder-aneinander-Gewöhnen innerhalb der Familie und das Aufarbeiten von

Problemen, die während langer Einsatzzeiten ihren Ursprung haben, muss mit bedacht werden. Hier wäre ein Gesprächsangebot für beide gemeinsam, und wenn gewünscht, auch als Individuum, eine wichtige Maßnahme. Während einer Nachbereitung sollte zudem die Möglichkeit geschaffen werden, die Kinderbetreuung durch psychisch geschultes Personal übernehmen zu lassen und so auch den kleinen Menschen die Möglichkeit und den Raum zu geben, sich zu öffnen. Das geschah Zuhause während des Einsatzes oft nicht, gerade unsere älteste Tochter hat das aus falscher Rücksicht auf mich nicht getan und trug ihr Päckchen lieber allein.

Ich hoffe, der nächste Einsatz lässt auf sich warten. Wie viel Einsätze passen wohl in die restliche Dienstzeit? Nachrichten schauen wir als Soldatenfamilien wohl anders: Wir haben immer im Hinterkopf, dass die Nachrichten das nächste Einsatzgebiet unseres Ehemannes, Vaters, Sohnes, Bruders, Enkels zeigen können.

Autorenverzeichnis und Nachweis

Andritzky, Michael G.

Oberstleutnant i.G., Diplom-Pädagoge, Leitreferent Afghanistan in der Abteilung Strategie und Einsatz im Bundesverteidigungsministerium, damals Kompaniechef 3./Gebirgsjägerkompanie 231 und im Einsatz 2010 der 2. Kompanie der Quick Reaction Force in Baghlan/Afghanistan, 2016/17 Kommandeur Deutsches Einsatzkontingent der Europäischen Trainingsmission in Mali

Der Beitrag „Kampf für Frieden und Versöhnung" ist 2011 unter dem Titel „2./QRF 5 – Task Force Baghlan: Kämpfer, Vermittler und Aufbauhelfer" im von Hans-Christian Beck und Christian Singer herausgegebenen Buch „Entscheiden, Führen, Verantworten – Soldatsein im 21. Jahrhundert", Berlin 2011 erschienen.

Arnold, Martin

Oberstabsfeldwebel, war u.a. Angehöriger des Fallschirmjägerbataillons 313. Einsätze in Afghanistan in den Jahren 2003, 2007, 2008, 2010, 2012 und 2013.

Sein Beitrag „Rettung aus der Luft" erschien in dem von Sascha Brinkmann und Joachim Hoppe herausgegebenen Buch „Generation Einsatz. Fallschirmjäger berichten ihre Erfahrungen aus Afghanistan", Berlin 2010.

Buske, Rainer

Oberst a.D., u.a. Stellvertretender Kommandeur der Panzerbrigade 21 in Augustdorf. Wenige Wochen nach seinem sechsmonatigen Einsatz als Kommandeur des PRT in Kunduz übernahm er diese Aufgabe ein weiteres Mal, da sein Nachfolger vom Kommando entbunden wurde.

Seine Beiträge „Der schlimmste Tag meines Lebens" und „Erschöpfung" sind Kapitel aus seinem Buch „Kunduz. Ein Erlebnisbericht

über einen militärischen Einsatz der Bundeswehr in Afghanistan im Jahre 2008", Berlin 2016.

Hartmann, Uwe

Oberst i.G., Dr. phil., Visiting Lecturer an der Naval Postgraduate School in Monterey. Verwendungen u.a. als Kommandeur des Stabsunterstützungsbataillons beim I. D/NL Korps in Münster und als Leiter Studentenbereich der Helmut-Schmidt-Universität/Universität der Bundeswehr Hamburg. Einsätze in Bosnien (1999) und Afghanistan (2012/13).

Sein Beitrag „Krieg ohne Kampf? Zur Reintegration von Aufständischen in Afghanistan" erschien in dem von ihm herausgegebenen Band „Lernen von Afghanistan. Innovative Mittel und Wege für Auslandseinsätze", Berlin 2015.

Huhndorf, Thomas

Oberstleutnant in der Deutschen Luftwaffe.

Sein Beitrag „Operation Allied Force" erschien in dem von Eberhard Birk und Heiner Möllers herausgegebenen Buch „Luftwaffe und Luftkrieg", Berlin 2015.

Jüttner, Julian

Korvettenkapitän der Reserve, derzeit im Lehramtsstudium für die Sekundarstufe, drei Auslandseinsätze im Mittelmeer und am Horn von Afrika. Zum Zeitpunkt des Artikels Zugführer der Bordeinsatzkompanie im Seebataillon, anschl. Stellvertretender Kompaniechef. Letzte Verwendung in der Bundeswehr: Hörsaalleiter der Marineschule Mürwik, Flensburg.

Der Beitrag „Seesoldaten. Sie schützen, retten, kämpfen – auch im Mittelmeer" erschien 2016 unter dem gleichen Titel, allerdings unter dem früheren Namen des Autors, Julian Liese, in dem von Alois

Bach und Walter Sauer herausgegebenen Buch „Schützen, Retten, Kämpfen – Dienen für Deutschland", Berlin 2016.

Kwasny, Sabine

geboren in Wiesbaden, jetzt wohnhaft im Elbe-Weser-Dreieck, verheiratet mit Stabsfeldwebel Jan Kwasny (seit 1994 Soldat, jetzt Fallschirmjägerregiment 31 in Seedorf), zwei Kinder (geboren 2013 und 2016).

Ihr Beitrag „Die Heimatfront – Betrachtung eines Einsatzes aus Sicht von Familien" ist 2016 unter dem Titel „Die Heimatfront – Betrachtung eines Einsatzes aus Sicht der Daheimgebliebenen" im von Alois Bach und Walter Sauer herausgegebenen Buch „Schützen, Retten, Kämpfen – Dienen für Deutschland", Berlin 2016 erschienen.

Rücker, Janine

geboren in Brandenburg, derzeit wohnhaft in den USA. Seit 2005 verheiratet mit Oberstleutnant Matthias Rücker (2001 Eintritt in die Bundeswehr, derzeit auf NATO-Posten in Virginia/USA), drei Kinder (geboren 2006, 2008 und 2009).

Ihr Beitrag „Die Heimatfront – Betrachtung eines Einsatzes aus Sicht von Familien" ist 2016 unter dem Titel „Die Heimatfront – Betrachtung eines Einsatzes aus Sicht der Daheimgebliebenen" im von Alois Bach und Walter Sauer herausgegebenen Buch „Schützen, Retten, Kämpfen – Dienen für Deutschland" erschienen.

Pieper, Frank

Brigadegeneral, Chief Digital Officer (CDO) Heer/Landbasierte Operationen im Kommando Heer in Strausberg. Einsätze im Kosovo (1999), Bosnien-Herzegowina (2004) und Afghanistan (2013).

Sein Beitrag „Information und Kommunikation in Einsätzen“ erschien in dem von Uwe Hartmann herausgegebenen Buch „Lernen von Afghanistan. Innovative Mittel und Wege für Auslandseinsätze“, Berlin 2015.

Schultze, Stefan

Oberstabsfeldwebel, verheiratet, 2 Kinder, seit Juli 1993 Soldat, am Standort Schwarzenborn jeweils Infanteriefeldwebel im Panzergrenadierbataillon 152, Jägerregiment 1 und Jägerbataillon 1, fünf Einsätze im Kosovo und in Afghanistan, von 2011 bis 2014 als „Lotse für einsatzgeschädigte Soldaten“ eingesetzt, zur Zeit Kompaniefeldwebel (Spieß) einer Ausbildungskompanie.

Sein Beitrag "Mensch bleiben im Gefecht" ist 2011 unter dem Titel „Führen unter Feuer“ im von Hans-Christian Beck und Christian Singer herausgegebenen Buch „Entscheiden, Führen, Verantworten – Soldatsein im 21. Jahrhundert“ erschienen. Der Beitrag „Leben mit Wunden“ stammt aus dem 2016 von Alois Bach und Walter Sauer herausgegebenen Buch „Schützen, Retten, Kämpfen – Dienen für Deutschland“.

Schneider, Axel

Oberst, seit April 2020 Kommandeur des Landeskommandos Schleswig-Holstein, zuvor Chef des Stabes und Abteilungsleiter im Zentrum für Verifikationsaufgaben der Bundeswehr, Verwendungen auf Ministeriums-, NATO-, Ämter- und Truppenebene (Kommandeur Panzerbataillon 154), Generalstabsausbildung, In den Jahren 2006 und 2011/12 Auslandseinsätze in Afghanistan.

Der Beitrag „Ein besonderer Auftrag: Einsatz als Rüstungskontrollinspekteur“ ist 2016 unter dem gleichen Titel im von Alois Bach und Walter Sauer herausgegebenen Buch „Schützen, Retten, Kämpfen – Dienen für Deutschland“ erschienen.

Schwitalla, Artur

Oberst a.D., war u.a. Kommandeur des Wachbataillons beim Bundesministerium der Verteidigung in Berlin, Stellvertretender Kommandeur der Panzerlehrbrigade 9 in Munster, Stellvertretender Kommandeur der Offizierschule des Heeres in Dresden. Zuletzt Kommandeur des Ausbildungszentrum Panzertruppen und General der Panzertruppen in Munster.

Die Beiträge „Was Naturkatastrophen" und „Was mein Leben wert ist" sind Kapitel aus seinem Buch „Afghanistan, jetzt weiß ich erst… Gedanken aus meiner Zeit als Kommandeur des Provincial Reconstruction Team FEYZABAD, Berlin 2010.

Sembritzki, Jared

Brigadegeneral, seit Mai 2020 Chef des Stabes US Army Europe, zuvor Kommandeur Gebirgsjägerbrigade 23, vier Auslandseinsätze (2001 im Kosovo, 2006, 2010 und 2015/16 in Afghanistan), für den Einsatz als Kommandeur Quick Reaction Force 5 als erster Stabsoffizier mit dem Ehrenkreuz der Bundeswehr für Tapferkeit ausgezeichnet.

Der Beitrag „Über Führungsverantwortung" ist 2016 unter dem Titel „Kampfmoral und Führen mit Auftrag – Entscheidende Voraussetzungen für das Bestehen im Gefecht?" im von Alois Bach und Walter Sauer herausgegebenen Buch „Schützen, Retten, Kämpfen – Dienen für Deutschland" erschienen.

Unkelbach, Uwe, Dr. Med.,

Oberfeldarzt, Teilnehmer an der General-/Admiralstabsausbildung an der Führungsakademie der Bundeswehr. Damals Truppenarzt im Fallschirmjägerbataillon 313.

Sein Beitrag „Jedes Leben zählt – Als Sanitäter im Einsatz" erschien in dem von Sascha Brinkmann und Joachim Hoppe herausgegebenen Buch „Generation Einsatz. Fallschirmjäger berichten ihre Erfahrungen aus Afghanistan", Berlin 2010.

Zu den Herausgebern:

Bach, Alois

Brigadegeneral a. D., trat April 2013 nach 43 Dienstjahren in den Ruhestand, zuvor u. a. Kommandeur Zentrum Innere Führung, Beauftragter für Erziehung und Ausbildung des Generalinspekteurs der Bundeswehr, Kommandeur der Panzerbrigade 38, in 2001/2002 Deutscher Befehlshaber im Kosovo & Mazedonien und Kommandeur der Multinationalen Brigade „Süd" im Kosovo. Mitglied im Kuratorium der Karl-Theodor-Molinari-Stiftung, Vorsitzender Freundeskreis Zentrum Innere Führung e.V.

Er war 2016 – gemeinsam mit Oberst a.D. Walter Sauer – Herausgeber des Buches „Schützen, Retten, Kämpfen – Dienen für Deutschland".

Hartmann, Carola

geboren in Celle, derzeit wohnhaft in den USA sowie in Berlin. Seit 1997 verheiratet mit Oberst i.G. Dr. Uwe Hartmann, zwei Kinder (geboren 1998 und 2002), Studium der Betriebswirtschaft in Lüneburg, Dipl. Kff., Geschäftsführerin des Carola Hartmann Miles-Verlags in Berlin.

Dank

Unser Dank geht zunächst an die Autoren und Autorinnen der Beiträge zu diesem Buch. Wir haben uns sehr gefreut, dass sie unser Buchprojekt unterstützen.

Herrn Stabshauptmann Andreas Leis danken wir herzlich für die Auswahl und Bereitstellung der Bilder auf dem Cover unseres Buches.

Ein besonderer Dank geht an Herrn Major Dominik Wille, dessen Verbesserungsvorschläge bei der Durchsicht des Manuskripts sehr hilfreich waren.

Dem Freundeskreis Zentrum Innere Führung e.V. und der Karl-Theodor-Molinari-Stiftung, dem Bildungswerk des Deutschen BundeswehrVerbandes, danken wir für die Ermutigung und Unterstützung unseres Projekts.

Freundeskreis Zentrum Innere Führung e.V.

gegründet am 4. Mai 2006, verfolgt vier Ziele: die Bildungsarbeit des Zentrums Innere Führung zu unterstützen, zur Entwicklung der Führungsphilosophie der Bundeswehr, der Inneren Führung, beizutragen, den sicherheitspolitischen Dialog zu fördern und für die Belange der Bundeswehr und ihres Personals einzutreten. Realisierung vor allem durch Kolloquien, Seminare, Bildungsfahrten, Vortragsveranstaltungen und Veröffentlichungen. Homepage: www.freundeskreis-zinfue.de

Das 2011 herausgegebene Buch „Entscheiden, Führen, Verantworten – Soldatsein im 21. Jahrhundert" wie auch das 2016 veröffentlichte Buch „Schützen, Retten, Kämpfen – Dienen für Deutschland" sind jeweils unter der Federführung des Freundeskreises entstanden.

Karl-Theodor-Molinari-Stiftung (KTMS)

1988 als Bildungswerk des Deutschen BundeswehrVerbandes gegründet. Schwerpunkt: politische Erwachsenenbildung in Form von Seminaren, Tagungen und Workshops. Gründungsmitglied des Netzwerks „Politische Bildung in der Bundeswehr", 2019 ausgezeichnet mit dem Preis „Bundeswehr und Gesellschaft in der Kategorie Bildung". Förderung des zivil-militärischen Dialogs durch viele Veranstaltungen mit namhaften Akteuren aus Politik, Militär, Wirtschaft, Wissenschaft und gesellschaftlichen Gruppen. Drei Publikationsreihen, u. a. „Forum Innere Führung". Homepage: www.molinari-stiftung.de

Die Veröffentlichung der Bücher „Entscheiden, Führen, Verantworten – Soldatsein im 21. Jahrhundert" und „Schützen, Retten, Kämpfen – Dienen für Deutschland" wurde durch die KTMS unterstützt.

Carola Hartmann Miles-Verlag

<u>Militär und Gesellschaft</u>

Hans-Christian Beck, Christian Singer (Hrsg.), *Entscheiden – Führen – Verantworten. Soldatsein im 21. Jahrhundert,* Berlin 2011.

Wolf Graf von Baudissin, *Grundwert Frieden in Politik – Strategie – Führung von Streitkräften,* hrsg. von Claus von Rosen, Berlin 2014.

Marcel Bohnert, Lukas J. Reitstetter (Hrsg.), *Armee im Aufbruch. Zur Gedankenwelt junger Offiziere in den Kampftruppen der Bundeswehr,* Berlin 2014.

Phil C. Langer, Gerhard Kümmel (Hrsg.), *„Wir sind Bundeswehr." Wie viel Vielfalt benötigen/vertragen die Streitkräfte?,* Berlin 2015.

Eberhard Birk, Peter Andreas Popp (Hrsg.), *Luftwaffenoffizier 21. Das Selbstverständnis des Luftwaffenoffiziers zu Beginn des 21. Jahrhunderts, (aus der Reihe Schriften zur Geschichte der Deutschen Luftwaffe, Band 5),* Berlin 2016.

Alois Bach, Walter Sauer (Hrsg.), *Schützen. Retten. Kämpfen. Dienen für Deutschland,* Berlin 2016.

Marcel Bohnert, Björn Schreiber (Hrsg.), *Die unsichtbaren Veteranen. Kriegsheimkehrer in der deutschen Gesellschaft,* Berlin 2016.

Angelika Dörfler-Dierken (Hrsg.), *Hinschauen! Geschlecht, Rechtspopulismus, Rituale: Systemische Probleme oder individuelles Fehlverhalten?,* Berlin 2019.

Schriften zur Tradition

Eberhard Birk, Winfried Heinemann, Sven Lange (Hrsg.), *Tradition für die Bundeswehr. Neue Aspekte einer alten Debatte,* Berlin 2012.

Donald Abenheim, Uwe Hartmann (Hrsg.), *Tradition in der Bundeswehr. Zum Erbe des deutschen Soldaten und zur Umsetzung des neuen Traditionserlasses,* Berlin 2018.

Joachim Welz, *Vom Kontingentsheer zum Reichsheer: Militärkonventionen als Motor der Wehrverfassung,* Berlin 2018.

Donald Abenheim, Uwe Hartmann, *Einführung in die Tradition der Bundeswehr. Das soldatische Erbe in dem besten Deutschland, das es je gab,* Berlin 2019.

Eberhard Birk, Heiner Möllers (Hrsg.), *Die Luftwaffe und ihre Traditionen (aus der Reihe Schriften zur Geschichte der Deutschen Luftwaffe, Band 10),* Berlin 2019.

Hans-Günter Behrendt (Hrsg.): *Erinnerungsorte der Bundeswehr – Personen, Ereignisse und Institutionen der soldatischen Traditionspflege,* Berlin 2020.

Erinnerungen

Blue Braun, *Erinnerungen an die Marine 1956–1996,* Berlin 2012.

Klaus Grot, *So war's, damals. Dienstchronik eines Pionieroffiziers im Kalten Krieg 1954–1991,* Berlin 2014.

Gustav Lünenborg, *Bürger und Soldat. Innere Führung hautnah 1956–1993, 1993–2015,* Berlin 2015.

Adolf Brüggemann, *Als Offizier der Bundeswehr im Auswärtigen Dienst. Meine Erinnerungen als Militärattaché in Seoul (Republik Korea) 1978–83 und in Prag (Tschechoslowakei/Tschechien) 1988–1993,* Berlin 2015.

Rainer Buske, *Eine Reise ins Innere der Bundeswehr. Wundersame Geschichten aus einer anderen Welt,* Berlin 2016.

Heinz Laube, *Duell am geteilten Himmel,* Berlin 2016.

Viktor Toyka, *Dienst in Zeiten des Wandels. Erinnerungen aus 40 Jahren Dienst als Marineoffizier 1966-2000,* Berlin 2017.

Hans-Eckhard Tribess (Hrsg.), *Im Leben unterwegs – für den Frieden. Festschrift für Wolfgang Altenburg zum 90. Geburtstag am 22. Juni 2018,* Berlin 2019.

Kurt Graf v. Schweinitz, *Notizen im Transit von Krieg und Frieden,* Berlin 2020.

Militärgeschichte

Eberhard Kliem, Kathrin Orth, *"Wir wurden wie blödsinnig vom Feind beschossen". Menschen und Schiffe in der Skagerrakschlacht 1916,* Berlin 2016.

Hans Frank, Norbert Rath, *Kommodore Rudolf Petersen. Führer der Schnellboote 1942–1945. Ein Leben in Licht und Schatten unteilbarer Verantwortung,* Berlin 2016.

Eckhard Lisec, *Der Völkermord an den Armeniern im 1. Weltkrieg – Deutsche Offiziere beteiligt?,* Berlin 2017.

Ingo Pfeiffer, *Heinz Neukirchen. Marinekarriere an wechselnden Fronten,* Berlin 2017.

Joachim Welz, *Erfolgsstory oder Trauma – die Übernahme von Armeen. Lehren aus der Übernahme des österreichischen Bundesheeres in die Wehrmacht 1938 und der Reste der NVA in die Bundeswehr 1990,* Berlin 2018.

Joachim Hoppe, Manfred Wilde (Hrsg.), *Die Unteroffizierschule des Heeres, Die militärische Meisterschule,* Berlin 2016.

Georg Neuhaus, *Am Anfang war ein Speer. Eine Chronographie der Kriegs- und Militärtechnologien,* Berlin 2018.

Hans-Werner Ahrens, *Die Transportflieger der Luftwaffe 1956 bis 197. Konzeption – Aufbau – Einsatz, (Reihe Schriften zur Geschichte der Deutschen Luftwaffe, Band 8),* Berlin 2019.

Jobst Reller, *Die Anfänge der evangelischen Militärseelsorge,* Berlin 2019.

Eberhard Frhr. v. Senden, Friedrich Frhr. v. Senden, *Der Erste Weltkrieg 1914–1918. Erlebnisse eines jungen Leutnants,* Berlin 2020

Einsatzerfahrungen

Sascha Brinkmann und Joachim Hoppe (Hrsg.), *Generation Einsatz. Fallschirmjäger berichten ihre Erfahrungen aus Afghanistan,* Berlin 2010.

Artur Schwitalla, *Afghanistan, jetzt weiß ich erst… Gedanken aus meiner Zeit als Kommandeur des Provincial Reconstruction Team FEYZABAD,* Berlin 2010.

Rainer Buske, *KUNDUZ. Ein Erlebnisbericht über einen militärischen Einsatz der Bundeswehr in AFGHANISTAN im Jahre 2008,* Berlin [2]2016.

Jahrbuch Innere Führung (seit 2009)

Uwe Hartmann, Claus von Rosen (Hrsg.), *Jahrbuch Innere Führung 2017. Die Wiederkehr der Verteidigung in Europa und die Zukunft der Bundeswehr,* Berlin 2017.

Uwe Hartmann, Claus von Rosen (Hrsg.), *Jahrbuch Innere Führung 2018. Innere Führung zwischen Aufbruch, Abbau und Abschaffung: Neues denken, Mitgestaltung fördern, Alternativen wagen,* Berlin 2018.

Uwe Hartmann, Claus von Rosen (Hrsg.), *Jahrbuch Innere Führung 2019. Bundeswehr im Aufbruch. Hindernisse von den verteidigungspolitischen Vorstellungen der AfD bis zu den sicherheitspolitischen Meinungen in der Zivilgesellschaft,* Berlin 2019.

Standpunkte und Orientierungen

Daniel Giese, *Militärische Führung im Internetzeitalter,* Berlin 2014.

Dirk Freudenberg, *Auftragstaktik und Innere Führung. Feststellungen und Anmerkungen zur Frage nach Bedeutung und Verhältnis des inneren Gefüges und der Auftragstaktik unter den Bedingungen des Einsatzes der Deutschen Bundeswehr,* Berlin 2014.

Hartwig von Schubert, *Integrative Militärethik. Ethische Urteilsbildung in der militärischen Führung,* Berlin 2015.

Uwe Hartmann, *Hybrider Krieg als neue Bedrohung von Freiheit und Frieden. Zur Relevanz der Inneren Führung in Politik, Gesellschaft und Streitkräften,* Berlin 2015.

Klaus Beckmann, *Treue.Bürgermut.Ungehorsam. Anstöße zur Führungskultur und zum beruflichen Selbstverständnis in der Bundeswehr,* Berlin 2015.

Florian Beerenkämper, Marcel Bohnert, Anja Buresch, Sandra Matuszewski, *Der innerafghanische Friedens- und Aussöhnungsprozess,* Berlin 2016.

Martin Sebaldt, *Nicht abwehrbereit. Die Kardinalprobleme der deutschen Streitkräfte, der Offenbarungseid des Weißbuchs und die Wege aus der Gefahr,* Berlin 2017.

Christian J. Grothaus, *Der „hybride Krieg" vor dem Hintergrund der kollektiven Gedächtnisse Estlands, Lettlands und Litauens,* Berlin 2017.

Uwe Hartmann, *Der gute Soldat. Politische Kultur und soldatisches Selbstverständnis heute,* Berlin 2018.

Christian Bauer, Marcel Bohnert, Jan Pahl, *Vitalis Innere Führung! Zum Status Quo der Führungskultur in den deutschen Streitkräften,* Berlin 2018.

Helmut Jermer, *Innere Führung kompakt. Eine Zusammenschau als Lehr- und Lernhilfe,* Berlin 2019.

Martin Sebaldt, *Das Elend der Strategen. Warum die deutsche Militärpolitik versagt,* Berlin 2020.

Offiziersbibliothek

Uwe Hartmann, *Offiziersbibliothek I: Deutschland,* Berlin 2020.

Schriften zur Geschichte der Deutschen Luftwaffe

Eberhard Birk, Heiner Möllers, Wolfgang Schmidt (Hrsg.), *Die Luftwaffe zwischen Politik und Technik, Bd. 2,* Berlin 2012.

Eberhard Birk, Heiner Möllers (Hrsg.), *Luftwaffe und Luftkrieg, Bd. 3,* Berlin 2012.

Claas Siano, *Die Luftwaffe und der Starfighter. Rüstung im Spannungsfeld von Politik, Wirtschaft und Militär, Bd. 4,* Berlin 2016.

Eberhard Birk, Peter Andreas Popp (Hrsg.), *Luftwaffenoffizier 21 – Das Selbstverständnis der Luftwaffenoffiziere des 21. Jahrhunderts, Bd. 5,* Berlin 2016.

Eberhard Birk, Heiner Möllers (Hrsg.), *Luftwaffe und Luftverteidigung, Bd. 6,* Berlin 2017.

Dirk Schreiber, *Die Luftwaffe und ihre Doktrin. Einsatzkonzeptionen bis 1971, Bd. 7,* Berlin 2018.

Hans-Werner Ahrens, *Die Transportflieger der Luftwaffe 1956 bis 1971. Konzeption – Aufbau – Einsatz, Bd. 8,* Berlin 2019.

Hans-Werner Ahrens, *Die Rettungsflieger der Luftwaffe 1956 bis 1971. Konzeption – Aufbau – Einsatz, Bd. 9,* Berlin 2019.

Eberhard Birk, Heiner Möllers (Hrsg.), *Die Luftwaffe und ihre Traditionen, Bd. 10,* Berlin 2019.

Monterey Studies

Uwe Hartmann, *Carl von Clausewitz and the Making of Modern Strategy*, Potsdam 2002.

Frank Reimers, *Security Culture in Times of War: How did the Balkan War affect the Security Cultures in Germany and the United States,* Berlin 2007 (²2020)

Frank Hagemann, *Strategy Making in the European Union,* Berlin 2010.

Ralf Hammerstein, *Deliberalization in Jordan: the Roles of Islamists and U.S.-EU Assistance in stalled Democratization,* Berlin 2011.

Jochen Wittmann, *Auftragstaktik,* Berlin 2012.

Michael Hanisch, *On German Foreign und Security Policy. Determinants of German Military Engagement in Africa since 2011,* Berlin 2015.

Grégoire Monnet, *The Evolution of Strategic Thought Since September 11, 2001,* Berlin 2016.

Stefan Klein, *America First? Isolationism in U.S. Foreign Policy from the 19th to the 21st Century,* Berlin 2017.

Torsten Gojowsky, Sebastian Kögler, *Building Special Operations Relationships with Fragile Partners. Best practices from Iraq, Syria, and Afghanistan,* Berlin 2019.

Darell Moyers, *Frontline Leadership – Leadership Advice for USAF Junior Officers, Mid-Grade Officers & NCOs,* Berlin 2020.

www.miles-verlag.jimdo.com